www.ingramcontent.com/pod-product-compliance
Lightning Source LLC
LaVergne TN
LVHW021227080526
838199LV00089B/5843
9789358723052

کتاب شناسی: کچھ زاویے

(کتب پر تبصرے و جائزے)

مرتبہ:

سید حیدرآبادی

© Taemeer Publications LLC
Kitaab Shanasi : kuch Zaaviye *(Books Reviews)*
by: Auth
Edition: September '2024
Publisher :
Taemeer Publications LLC (Michigan, USA / Hyderabad, India)

ISBN 978-93-5872-305-2

9 789358 723052

مرتب یا ناشر کی پیشگی اجازت کے بغیر اس کتاب کا کوئی بھی حصہ کسی بھی شکل میں بشمول ویب سائٹ پر اَپ لوڈنگ کے لیے استعمال نہ کیا جائے۔ نیز اس کتاب پر کسی بھی قسم کے تنازع کو نمٹانے کا اختیار صرف حیدرآباد (تلنگانہ) کی عدلیہ کو ہو گا۔

© تعمیر پبلی کیشنز

کتاب	:	کتاب شناسی : کچھ زاویے
جمع و ترتیب	:	سید حیدرآبادی
بہ تعاون	:	روزنامہ 'اودھ نامہ' ویب سائٹ
پروف ریڈنگ / تدوین	:	مکرم نیاز
صنف	:	تبصرہ نگاری
ناشر	:	تعمیر پبلی کیشنز (حیدرآباد، انڈیا)
سالِ اشاعت	:	۲۰۲۴ء
صفحات	:	۱۱۴
سرورق ڈیزائن	:	تعمیر ویب ڈیزائن

فہرست

(۱)	آل احمد سرور کی خود نوشت 'خواب باقی ہیں'	مجاہد الاسلام	6
(۲)	انور آفاقی کی شخصیت اور تخلیق کا آئینہ	احسان عالم	33
(۳)	'بہار میں اردو مرثیہ نگاری کا ارتقا': چند تاثرات	ہما احمد	44
(۴)	کتاب فلمی انٹرویو: ایک مختصر جائزہ	منظور پروانہ	51
(۵)	اشکِ ندامت: حمدیہ شعری مجموعہ - ایک جائزہ	منظور پروانہ	56
(۶)	پروفیسر شاہ عبدالسلام: شخصیت اور علمی نقوش	مجاہد الاسلام	63
(۷)	مظفر کے نام (کچھ ادبی خطوط) جلد اول و دوم	داؤد احمد	69
(۸)	نسترن احسن فتیحی کا ناول 'نوحہ گر'	غضنفر علی	77
(۹)	'بولتی حقیقتیں' از شفقت نیازی: نفسیاتی تجزیہ	محمد سخی خان	80
(۱۰)	کتاب شناسی کے نئے زاویے اور حقانی القاسمی	مناظر عاشق ہرگانوی	85
(۱۱)	خان محبوب طرزی: لکھنؤ کا ایک مقبول ناول نگار	اویس سنبھلی	95
(۱۲)	ابوذر جونپوری کا نعتیہ مجموعہ 'منزل منزل سایہ': جائزہ	افسانہ جونپوری	99
(۱۳)	ایک کتاب ایک تذکرہ جو نامکمل ہے	مہتاب قدر	110

آل احمد سرور کی خود نوشت 'خواب باقی ہیں' پر ایک ترچھی نظر

ڈاکٹر مجاہد الاسلام

فِلپ گیدلا کا قول ہے۔

"خود نوشت سوانح نگاری ایسا علاقہ ہے جس کے شمال میں تاریخ، جنوب میں افسانہ طرازی، مشرق میں تعزیت نگاری اور مغرب میں کوفت اور ناگواری کے علاقے پائے جاتے ہیں۔"

اس کے باوجود دیکھا گیا کہ اکثر خود نوشتیں یک پہلو ہوتی ہیں، جس میں مصنف کی خود اپنی ذات وصفات کا بکھان ہوتا ہے اس میں کسی اور کو اس قابل نہیں سمجھا جاتا کہ اس کی تعریف میں بھی کچھ لکھا جائے اس طرح سے اپنی آپ بیتی لکھنے والا ایک طرح سے فوق البشر یا سپر مین دکھائی دینے لگتا ہے جو ہر طرح کی بشری کمزوریوں سے مبرا و منزہ اور سامنے والا خطا و نسیان کا پلندہ ہوتا ہے۔ اردو میں ایسی خود نوشت سوانح عمریوں کی تعداد بہت کم ہے جس میں کہ مصنف نے اپنی خوبیوں کے ساتھ ساتھ اپنی خامیوں کا بھی تذکرہ کیا ہو۔ میں یہاں پر پروفیسر قاضی عبد الستار کے حوالے سے ایک مغربی ادبی نقاد کا قول دہرانا چاہتا ہوں:

"جھوٹ کی جتنی بھی قسمیں ممکن ہیں وہ سب خود نوشت میں موجود ہوتی

ہیں"۔(قاضی عبدالستار :اسرار و گفتار:راشد انور راشد۔عرشیہ پبلیکیشنز۔دہلی سن اشاعت ۲۰۱۴۔ص۱۹۹)

فی الوقت مجھے پروفیسر آل احمد سرور کی خودنوشت "خواب باقی ہیں" پر کچھ کہنا ہے۔یہ کتاب کم و بیش ۳۷۳ صفحات پر مشتمل ہے اس مختصر سے وقت میں اس پوری کتاب پر تنقید و تبصرہ مشکل ہی نہیں بلکہ ناممکن ہے پھر بھی چند ایک اہم باتیں جس کا اس کتاب میں تکرار و تواتر کے ساتھ ذکر ملتا ہے اس کا میں یہاں پر جائزہ لینا مناسب سمجھتا ہوں۔ اور پھر یہ باتیں اس قابل بھی ہونگی کہ کتاب کی بقیہ باتوں کو اسی پر قیاس کر لیا جائے۔

سرورؔ صاحب کے خاندانی حالات کا بہت کچھ تذکرہ نہ کرکے میں یہاں پر ان کے ماموں جو بعد میں ان کے خسر بھی ہوئے ان کی معاملہ فہمی کا ذکر کرتے ہیں تو وہ اس حد تک آگے بڑھ جاتے ہیں کہ انہیں یہ بھی خبر نہیں ہوتی کہ اکیسویں صدی میں ان کی یہ باتیں ان کے خسر کے حق میں جائیں گی یا ان کے خلاف۔وہ لکھتے ہیں:

"میرے خسر میرے رشتے کہ ماموں ہوتے تھے۔رحمٰن بخش قادری صاحب نے سینٹ جانس کالج میں تعلیم پائی تھی۔بی اے کرنے بعد ڈپٹی کلکٹر ہوگئے تھے نہایت نیک نام اور منتظم افسر تھے۔جہاں رہے مقبول رہے۔ حکومت کے ایک فرد ہونے کے باوجود وہ حکومت کے پٹھو نہ تھے۔جب سہارن پور میں ڈپٹی کلکٹر تھے بھگت سنگھ کو پولس نے گرفتار کرلیا۔جیسا کہ پولس کا قاعدہ ہے اس نے اس کے پاس سے کچھ اسلحے بھی برآمد کئے جو واقعی موجود نہ تھے۔ قادری صاحب نے پولس کے بیان کو ماننے سے انکار دیا۔وہ جیل میں سرکاری وزیٹر بھی تھے۔جب بھگت سنگھ سے ملاقات ہوئی تو انہوں نے یہ سمجھ کر یہ ہمارے ہمدرد ہیں ان سے ایک خط باہر لے جانے کو کہا۔خط لے جانے سے انہوں

نے انکار کر دیا مگر بھگت سنگھ کی شکایت نہ کی۔" (خواب باقی ہیں: آل احمد سرورؔ۔ ایجو کیشنل بک ہاؤس، علیگڑھ۔ سن اشاعت۔ ۲۰۰۰ ص ۱۱۱)

سرور صاحب کا پیشہ درس تدریس ہے پہلے انہوں نے انگریزی میں ایم اے کیا پھر اردو میں اس طرح سے انہوں نے پہلے کچھ دنوں انگریزی میں تدریسی خدمت انجام دی پھر اردو میں مستقل طور سے آ گئے۔ اردو میں خاص طور سے لکھنئو، رام پور، علی گڑھ اور پھر آخر میں کشمیر ان کا میدان کار رہا۔

سرور صاحب نے شاعری بھی کی، تنقیدیں بھی لکھی اگر وہ چاہتے تو اچھی شاعری بھی کر سکتے تھے مگر انہوں نے تنقید کو ترجیح دی اور یہی چیز ان کی وجہ شہرت بھی بنی۔ وہ ادب و تنقید کی تخلیق کے لئے ہمہ جہت مطالعہ کی اہمیت پر زور دیتے ہیں۔ اس ذیل میں وہ بار بار ہڈسن کا یہ قول بھی نقل کرتے ہیں:

"وہ انگریزی ادب کیا جانتا ہے جو صرف انگریزی کو جانتا ہے" اس کی وضاحت کرتے ہوئے سرورؔ صاحب آگے مزید لکھتے ہیں۔" اردو ادب کا عرفان حاصل کرنے کے لئے ہمیں اردو کے علاوہ فارسی ادب، ہندی ادب اور انگریزی ادب کا علم ہونا ہی چاہیے ۔اس کے علاوہ ہندوستانی ادبیات کے جدید میلانات کا بھی۔ ادبی تخلیق ایک خاص فضا میں وجود میں آتی ہے اور یہ فضا اتنی اکہری نہیں جتنی عام طور پر سمجھی جاتی ہے۔" (ایضا ص ۲۶۵)

ان کی ان باتوں کی ان کے مندرجہ دعووں سے بھی تصدیق ہوتی ہے:

"کالج میں اگرچہ سائنس کا مگر اردو اور انگریزی ادب کا بھی مطالعہ کرتا رہا اب تک یاد ہے کہ فرسٹ ایر میں میں نے ہارڈی کے کئی ناول پڑھے اور Jude the obscure پڑھ کر تو میں رو دیا تھا۔ مطالعے میں کوئی ترتیب نہ تھی۔ انگریزی فکشن میں ڈکنس، جین

آسٹن ،اسکاٹ کالج میں پڑھ چکا تھا ،برناڈشا کے بہت سے ڈرامے بھی۔ایک انگریزی استاد نے ہڈسن کی Green Mansions بڑی تعریف کے ساتھ عنایت کی کہ اسے پڑھ ڈالو پڑھا تو وادی امیزن کے پر اسرار جنگلوں نے مبہوت کر دیا۔رایڈ ہیگیرڈ کے کئی ناول پڑھ ڈالے ۔فرسٹ ایر میں کالج والے ہر طالب کو عہد نامہ جدید New Teestament کا ایک نسخہ عطا کرتے تھے وہ اکثر میرے زیر مطالعہ رہتا ۔خصوصاً Sermon on the mount تو یاد ہو گیا۔"((خواب باقی ہیں: آل احمد سرورؔ۔ایجو کیشنل بک ہائوس ،علیگڑھ۔سن اشاعت۔۲۰۰۰ص)

ایک دوسری جگہ مزید لکھتے ہیں:

"پھر جب کوئی اچھی ناول یا تنقید کی کوئی کتاب آتی تو سب اسے باری باری پڑھتے اور اس پر رائے زنی کرتے۔یاد پڑتا ہے جرمن ناول نگار ایک زمانے میں ہمارے حلقے میں بہت مقبول تھے ،ٹامس مان۔واسرمان سٹیفان ،زویگ۔فحنت وانگر اس وقت یاد آتے ہیں۔فرانس کے کئی ناول نگاروں کا مطالعہ بھی اسی زمانے میں کیا غرض کئی سال میں یورپی ادب کے ترجموں ،روسی ناول،انگریزی تنقید کا بھی کچھ علم ہو گیا۔(ایضاً۔ص ۱۰۸)

اس کتاب میں جہاں ادب و فن پر خامہ فرسائی ملتی ہے وہیں متعدد ادباء و شعراء کا ذکر بھی ملتا ہے۔اچھی شاعری کیا ہے اس ذیل میں موصوف رقمطراز ہیں:

"اچھی شاعری وہ ہے جو ذہن میں چراغاں کر دے،جو مانوس جلووں کا تازگی اور تازگی کو مانوسیت عطا کرے۔جو زبان کے اپنے مخصوص استعمال سے ،اپنی تہ داری سے اپنے ابہام سے اپنی دریا کو کوزے میں سمو دینے کی صلاحیت سے ،ہمیں زندگی کے حسن اور اس کے نیرنگ ،اس کے تضادات اور اس کی پنہائی سے آشنا کر دے،وہ ہمیں زیادہ

حساس، زیادہ مہذب بنادے۔ وہ ہمیں ہر منظر سے آنکھ چار کرنے جرأت عطا کرے وہ ہمیں بہتر انسان بنادے۔ شاعر انقلاب نہیں لاتی، ذہنی انقلاب کے لئے فضا تیار کرتی ہے یہ تلوار نہیں ہے نشتر ہے۔" (ایضاً ۳۳۴)

اسی طرح وہ انتظار حسین کے افسانوں پر تبصرہ کرتے ہوئے لکھتے ہیں:

"انتظار حسین ڈبائی کے رہنے والے ہیں۔ میرٹھ میں تعلیم پائی۔ تقسیم بعد پاکستان آگئے یہ اخبار مشرق میں کالم نویش ہیں۔ ناصر کاظمی سے ان کی گہری دوستی تھی ان کے افسانوں میں اکثر ہجرت کو موضوع بنایا گیا ہے یہ ہندوستانی دیومالا اور واقعات کربلا دونوں سے متاثر ہیں۔ داستان گوئی کے طرز بیان سے انہوں نے بہت فائدہ اٹھایا ہے۔ گنگا اور فرات کے درمیان پل بنانے کی سعی ان کے یہاں خاصی نمایاں ہے، زبان کے تخلیقی برتائو سے ان کے افسانوں میں بڑی جان آگئی ہے یہ کم گو آدمی ہیں مگر تحریر میں دل کی بات کہہ جاتے ہیں اس دور کے افسانہ نگاروں میں ان کا درجہ بہت بلند ہے۔" (ایضاً۔ ۳۷۲)

خلیل الرحمٰن اعظمی کا ذکر وہ اس طرح کرتے ہیں:

" خلیل الرحمٰن اعظمی نے بی اے کی تعلیم کے زمانے میں آتش پر کچھ مضامین لکھے تھے جو نگار میں شائع ہوئے تھے۔ نیاز صاحب سمجھتے تھے کہ یہ کوئی پختہ کار ادیب ہونگے ، مگر جب اس نوجوان کو دیکھا تو انہیں بڑی حیرت ہوئی، اس حیرت کا اظہار بعد میں انہوں نے مجھ سے بھی کیا تھا۔ انہوں نے پی ایچ ڈی کے لئے جو مقالہ لکھا تھا اس میں ترقی پسند تحریک کا تنقیدی جائزہ لیا گیا تھا۔ مجنوں گورکھپوری نے اس مقالے کی بہت تعریف کی تھی، ان کو خون کینسر ہو گیا تھا۔ انتقال کے وقت ان کی عمر پچاس سال سے کچھ زیادہ رہی ہوگی انہوں نے نہ صرف کلاسیکی اردو ادب کا ہی دقت نظر سے مطالعہ کیا تھا بلکہ ہم عصری

ادب کے ہر رنگ پر بھی ان کی گہری نظر تھی، خصوصاً رسالوں میں جو اہم تخلیقات شائع ہوتی رہتی تھیں ان کے متعلق ان کی معلومات حیرت انگیز تھی۔ میری ادارت کے دور میں ان کے بہت سے فکر انگیز مضامین "ہماری زبان" میں شائع ہوئے تھے۔ نئی شاعری کا سفر کے نام سے انہوں نے اردو شاعری کا ایک بہت اچھا انتخاب بھی کیا تھا جو مکتبہ جامعہ نے شائع کیا تھا ان کی نظمیں اور غزلیں دونوں ہماری جدید شاعری کے ایک اہم رنگ کی ترجمان اور ان کی تنقیدیں ایک فن کار کی تنقیدی بصیرت کا بڑا قابل قدر نمونہ کہی جاسکتی ہیں۔" (ایضاً۔ ص ۲۵۷)

مگر جب اپنے لکھنؤ یونیورسٹی کے رفیق کار مسعود حسن رضوی ادیب اور احتشام کا ذکر کرتے ہیں تو اس طرح:

مسعود حسین رضوی صاحب تو یونیورسٹی کے جلسوں میں کم جاتے تھے استادوں کی انجمن اور طلباء کی یونین سے انہیں دلچسپی نہ تھی۔ احتشام طلباء کی علمی و ادبی سرگرمیوں میں ضرور معاون رہتے اور بس۔" (ایضاً۔ص ۱۲۶)

"کچھ عرصے بعد جب میں نے یہ تجویز پیش کی کہ بی اے میں اردو کا نام اردو مع فارسی غلط ہے یہ صرف اردو ہونا چاہیے اور فارسی کے پرچے کو لازمی رکھنے میں کوئی حرج نہیں مگر اس میں پاس ہونے کی شرط کو مضمون میں پاس ہونے کی شرط قرار دینا غلط ہے تو احتشام گو اس کے حق میں تھے مگر مسعود صاحب کی وجہ سے خاموش رہے اور میری تائید نہ کی (ایضاً۔ "ص ۱۴۸)

علی گڑھ کے وائس چانسلر ڈاکٹر ضیاء الدین کے بارے یوں رقمطراز ہیں:

"ڈاکٹر ضیاء الدین علی گڑھ کے بہت سے اشخاص کے ہیرو رہے مگر ان کے علمی ریکارڈ اور علی گڑھ سے ان کی محبت کو تسلیم کرتے ہوئے بھی میں ان کا معتقد نہ ہو سکا ڈاکٹر

ضیاء الدین بہت ان تھک آدمی تھے مگر اصولوں کے زیادہ قائل نہ تھے اور شعر و ادب کی ان کے نزدیک صرف یہی اہمیت تھی کہ معزز مہمانوں کے سپاسنامے اور قصیدے اردو میں ضروری سمجھے جاتے۔۔۔اپنے ماتحتوں سے مکمل وفاداری چاہتے تھے۔"(ایضاً۔ص ۳۰۱)

۔کلیم الدین احمد نے ساٹھ کی دہائی میں سرورؔ صاحب کے بارے میں لکھا تھا:

"فراق کی "اردو کی عشقیہ شاعری" پر ریویو کرتے ہوئے میں نے کہا تھا'فراق اچھے غزل گو شاعر ہیں لیکن اس کتاب میں اگر وہ اپنے اشعار نقل نہ کرتے تو اچھا ہوتا، ہر جگہ میرا شعر ہے، مجھے اپنا ہی شعر یاد آیا، میں نے اپنے شعر میں کہا ہے، راقم الحروف، اپنے کچھ شعر حاضر کرتا ہوں یا پھر میرے ہی یہ اشعار وغیرہ دیکھ کر ذوق لطیف مکدر ہو جاتا ہے۔۔۔۔۔یہ خود نمائی اچھی بات نہیں اور فراقؔ جیسے پڑھے لکھے اور سمجھدار آدمی کو یہ خود نمائی بہت بڑی لگتی ہے۔اس قسم کی خود نمائی اور خود ستائی نوجوان لکھنے والوں میں عام ہے۔مجھے افسوس کے ساتھ کہنا پڑتا ہے کہ سرور صاحب بھی جو فراقؔ سے زیادہ سنجیدہ ہیں اس قسم کی باتیں کرتے ہیں اور ایک دفعہ نہیں بار باراس قسم کی باتیں کرتے ہیں۔"(اردو تنقید پر ایک نظر: کلیم الدین۔بک امپوریم، سبزی باغ، پٹنہ۔ص ۲۰۰)

افسوس کہ کلیم الدین احمد کی ان باتوں سے سرور نے ۲۰۰۰ عیسوی میں بھی اپنی خودنوشت تحریر کرتے وقت کچھ بھی نہیں سیکھا۔کہا جاتا ہے کہ غالب کی جب تنقید ہوئی تو انہوں نے اپنے کلام کے ایک حصے کو ہی القط کر ڈلا، سرور صاحب یہاں پر ہم کو ہٹھ دھرم اور ضدی سے نظر آتے ہیں ہیں۔

اس طرح کے اقتباسات وجملوں سے تواتر کے ساتھ ہمارا سابقہ پڑتا ہے:

۱۹۳۶ء سے ریڈیو پر میری تقریں نشر ہونے لگی تھیں اور عام طور پر ادبی حلقوں

میں انھیں پسند کیا گیا تھا۔ میں نے ۱۹۴۲ چند منتخب تقریروں کا مجموعہ "تنقیدی اشارے" کے نام سے شائع کیا تھا۔ مولوی عبد الحق نے رسالہ اردو میں اس پر بہت اچھا ریویو کیا۔ علی گڑھ ہی میں تنقیدی مضامین کا ایک مجموعہ "نئے اور پرانے چراغ" کے نام سے مرتب کر کے شاہ برادرس آگرے کو دے دیا تھا یہ ۱۹۴۶ میں شائع ہوا۔ مولوی عبد الحق نے عزیر احمد کا نئی اردو شاعری کا انتخاب" انتخاب جدید" کے نام سے میری رائے کے لئے بھیجا تھا جب میں نے اس کچھ اور اضافے کی تجویز کی تو مولوی صاحب نے پورے انتخاب پر نظر ثانی کرنے کے لئے مجھ سے کہا اور میں ۱۹۴۴ میں یہ انتخاب انجمن سے عزیر احمد اور میرے نام سے شائع ہوا اس میں ۱۹۱۴ سے جو تھی دہائی تک کی شاعری کا انتخاب آگیا تھا۔" (خواب باقی ہیں: آل احمد سرورؔ۔ ایجو کیشنل بک ہاؤس، علیگڑھ۔ سن اشاعت۔ ۲۰۰۰ ص ۲۵۷)

ایک اور جگہ لکھتے ہیں:

"ایک دفعہ ایسا ہوا کہ مجھے ریڈیو اسٹیشن پہنچنے میں دیر ہو گئی دروازے پر پہنچا تو رشید احمد اسٹیشن دائرکٹر نے میرا ہاتھ پکڑا اور ہم لوگ تقریباً دوڑتے ہوئے ریڈیو اسٹیشن میں داخل ہوئے تو میرا نام اور تقریر کا عنوان نشر ہو رہا تھا۔ میں بری طرح ہانپ رہا تھا۔ رشید احمد نے اشارے سے دم لینے کو کہا چند سکنڈ کی خاموشی کے بعد میں نے بہت آہستہ تقریر شروع کی۔ دو ایک منٹ بعد عام رفتار سے بولنے لگا۔ شکر ہے کسی کو اس کا احساس نہیں ہوا۔" (ایضاً ص ۱۱۵)

ایک دوسری جگہ لکھتے ہیں:

"چند ماہ بعد جامعہ کی جوبلی ہوئی۔ اس میں لکھنئو سے ڈاکٹر عبد العلیم نور الحسن ہاشمی اور میں نے شرکت کی تھی۔ میں نے 'تنقید کیا ہے'؟ کے عنوان سے مجلس مقالات میں

ایک مقالہ بھی پڑھا تھا۔ جوبلی بڑی شاندار ہوئی تھی۔ اس میں جواہر لال نہرو، محمد علی جناح، مولانا ابوالکلام آزاد، راج گوپال اچاری نے بھی شرکت کی تھی نواب بھوپال صدر جلسہ تھے۔ "(ایضاً۔ ص ۱۱۷)

اسی طرح ایک اور جگہ لکھتے ہیں:

"جگر صاحب کے کلام کا دوسرا مجموعہ "آتش گل" کے نام سے اسی زمانے میں چھپا تھا اس پر رشید صاحب کا پیش لفظ اور میرا دیباچہ تھا۔ "(ایضاً۔ ص ۱۳۳)

یہاں پر یہ اقتباس بھی دیکھا جاسکتا ہے:

"مولانا عبدالماجد شذرات بڑی دلچسپی سے پڑھے جاتے تھے۔ ایک دفعہ ان کی کتاب 'محمد علی ایک ذاتی ڈایری' پر ریڈیو کے لئے میں نے ایک ریویو لکھا، پہلا جملہ یہ تھا 'مولانا پرستار ہیں پارکھ نہیں' ڈائرکٹر نے اس پر اعتراض کیا۔ مولانا ماجد اس وقت ریڈیو کی مشاورتی کمیٹی کے ممبر تھے اور ڈائرکٹر انہیں ناراض نہ کرنا چاہتا تھا۔ میں نے کہا یہ ایک ادبی تبصرہ ہے یہ رہے گا ورنہ تقریر نہ ہوگی۔ بہر حال جملہ رہا اور تقریر بھی ہوئی۔" (ایضاً۔ ص ۱۳۴)

"مسعود حسن رضوی کبھی کبھار لکھنؤ کے شعراء کا ذکر بڑے لطف سے کرتے تھے ایک دفعہ انہوں نے بڑی تعریف کے ساتھ ثاقب لکھنوی کا یہ شعر سنایا:

آپ کا تھا گناہ گار، میں، نہ برق و باد کا

جس پر مزار تھا مرا، اب وہ زمین صاف ہے

مجھے اس شعر میں روایتی رنگ نظر آیا۔ میں نے اس زمین میں غزل کہی اور انہیں سنائی اس غزل کا مطلع اور ایک شعر لکھتا ہوں۔

مجھ کو گلا نہیں اگر سارا جہاں خلاف ہے

آپ تو مہربان ہیں، آپ کا دل تو صاف ہے

سود و زیاں کا ذکر کیا جب ہو جنوں کا کاروبار

آج ہیں سب کو الجھنیں، میرا حساب صاف ہے

مسعود صاحب نے بھی ان اشعار کی تعریف کی تھی

انیس کا ایک شعر مجھے بہت پسند ہے اور اکثر پڑھتا ہوں۔

انیس دم کا بھروسہ نہیں ٹھہر جائو

چراغ لے کے کہاں سامنے ہوا کے چلے

پھر میں نے اس کا پہلا، مصرع بدل دیا اور دوسرے میں ایک لفظ میرا شعر یہ ہے (مجھے پسند بھی ہے)

جنوں کا سارا خدائی سے معرکہ ٹھہرا

چراغ لے کے مگر سامنے ہوا کے چلے۔" (ایضاً۔ ص ۱۴۷)

ایک Established تنقید نگار کو اپنے حق میں اس طرح کے تقریظی جملے زیب نہیں دیتے ہیں۔

یہی نہیں مولانا آزاد کے بارے میں ہر کوئی جانتا کہ ان کے جوش و طنطنہ کے آگے کسی کو بھی پر مارنے کی اجازت نہیں تھی۔ گاندھی جی سے بھی بے وقت ملنا گوارا نہیں کرتے تھے۔ سرورؔ صاحب یہاں بھی خود ستائی سے بعض نہیں آتے:

ساہتیہ اکیڈمی اس زمانے میں بھارتی کویتا کے نام سے ہر سال ہندوستانی زبانوں کی نظموں کا ایک انتخاب شائع کیا کرتی تھی اس کے لئے اردو میں دس بہترین نظموں اور غزلوں کا انتخاب میرے سپرد کیا گیا تھا میں نے جو انتخاب پیش کیا اس میں ایک نظم اختر الایمان کی بھی تھی۔ مولانا نے اس پر کہا کہ ان کی نظم کیسے شامل کریں ان کا تو نام ہی غلط

ہے ان کا مطلب یہ تھا کہ اختر فارسی لفظ ہے اور ایمان عربی۔ ان دونوں کو عربی طریقے سے نہیں ملایا جاسکتا میں نے جوب دیا کہ اس نام میں وہی غلطی ہے جو خورشید الاسلام کے نام میں ہے۔ مولانا خورشید الاسلام کے شبلی پر ایک مضمون کی تعریف کر چکے تھے میں نے ان کی طرف اشارہ کیا تھا مولانا خاموش ہو گئے۔" (ایضاً۔ ص ۱۶۱)

ایک دوسرے موقع پر سرورؔ صاحب فرماتے ہیں:

"مولانا کی مخالفت کی جرات لوگوں کو کم ہی ہوتی تھی جب یہ طے ہوا کہ ہر سال ساہتیہ اکیڈمی ہر ہندوستانی زبان میں سال کی بہترین کتاب پر پانچ ہزار کا انعام دیا کرے تو اردو میں پہلے انعام کے لئے مولانا ظفر حسن خان کی چھوٹی سی کتاب 'مآل اور مشیت' تجویز کی قاضی عبد الغفار اور ڈاکٹر زور تو خاموش رہے۔ مگر میں نے عرض کیا کہ کچھ اور بھی اہم کتابیں شائع ہوئی ہیں۔

اس طرح کے جملے اس کتاب میں سرور صاحب کی زبان سے ناگوار ہی نہیں بلکہ مضحک معلوم ہوتے ہیں۔ وہ اپنی توصیفی انا کی تسکین کے لئے رشید صاحب کو بھی نہیں بخشتے ہیں:

"۱۹۴۵ میں جے پور میں پی این کانفرنس تھی میں پی ای این کا ممبر تھا کانفرنس میں اردو ادب کے نئے میلانات پر مقالہ پڑھنے کے لئے مجھ سے اور رشید صاحب سے علاحدہ فرمائش کی گئی انہوں نے اپنی منظوری بھیج دی اور مجھے لکھا کہ مقالہ آپ لکھ دیں تو میں جے پور میں پڑھ دوں، چنانچہ میں نے جے پور میں ان کے لئے مقالہ لکھا اور کانفرنس سے ایک دن پہلے جے پور کے لئے روانہ ہو گیا۔ دہلی اسٹیشن پر رشید صاحب ملے اور کہنے لگے کہ اگر آپ مقالہ لکھ کر نہ لاتے تو میں دہلی سے ہی علی گڑھ واپس چلا جاتا میں نے کہا جب میں نے آپ سے وعدہ کر لیا تھا تو پھر نہ لکھنے کا سوال ہی نہ تھا کانفرنس بڑی شاندار تھی اس

میں پنڈت جواہر لال نہرو جو چند ماہ پہلے احمد نگر جیل سے رہا ہوئے تھے شریک تھے۔ ڈاکٹر رادھا کرشنن بھی موجود تھے اور مسز نائڈو بھی موجود تھیں۔ انگلستان سے انگریزی کے مشہور ناول نگار ای ایم فاسٹر بھی تشریف لائے تھے۔" (ایضاً۔ ص ۱۱۸)

سرور کی تنقید کے بارے میں مسعود حسین خان نے بھی اپنی خود نوشت "ورود مسعود" میں رشید احمد صدیقی اور خود آل احمد سرور کی تنقید کا موازنہ کرتے ہوئے بہت ہی وقیع اور جامع تبصرہ کیا ہے جس سے دونوں ہی بزرگوار کی تنقید کا فرق سامنے آجاتا ہے۔ مسعود حسین خان لکھتے ہیں:

"طالب علموں میں اکثر دو استادوں کا موازنہ کیا جاتا تھا سب لوگ اس بات پر متفق تھے کہ رشید صاحب کی بات اپنی بات ہوتی ہے جب کہ سرور صاحب کی پرائی دوسرے الفاظ میں سرورؔ صاحب کا علم کتابی اور اکتسابی تھا رشید صاحب اس کے برعکس غالبؔ ہو کہ اصغرؔ ان پر ذاتی تاثرات بیان کرتے اس لئے ان کا ایک ایک جملہ بصیرت کا نگینہ بن جاتا تھا سرور صاحب کا علم قاموسی تھا۔ رشید صاحب کا وجدانی۔" (خواب باقی ہیں: آل احمد سرورؔ۔ ایجوکیشنل بک ہاؤس، علیگڑھ۔ سن اشاعت۔ ۲۰۰۰ ص ۸۳)

مسعود صاحب سرورؔ صاحب کے بارے میں آگے مزید لکھتے ہیں:

"سرور صاحب کے بارے میں مشہور تھا کہ وہ 'توازن' کا شکار ہیں اس لئے ادب میں کچھ بھی نہیں تول پاتے ہیں ان کی تنقید پر یہ مصرع چسپاں کیا کیا جاتا تھا

جناب شیخ کے نقش قدم یوں بھی ہیں اور یوں بھی
کبھی ترقی پسندوں کے ہم سفر رہے اور کبھی جدیدیوں کے رہبر بنے
معشوق ما بہ شیوۂ ہر کس برابر ست۔" ۸۴

خواب باقی ہیں میں ایک اور چیز جو تکرار و تواتر کے ساتھ ہمیں دیکھنے ملتی ہے وہ ہے

ان کی تعلیم اور بحیثیت استاد تقرری کا معاملہ ۔ ہم سب سے پہلے ان کی تعلیم کو لیتے ہیں۔ ایسا لگتا ہے کہ ہر کس و ناکس ان کو یہ مشورہ ہی دے رہا ہو کہ یہ کرلو تو وہ کرلو:

"جولائی میں میرے والد کا تبادلہ علی گڑھ ہو گیا ۔چنانچہ ہم علی گڑھ آ گئے ۔یونیورسٹی اس زمانے میں جولائی میں بند ہوتی تھی اور یکم اکتوبر کو کھلتی تھی۔ سینٹ جانس کالج والے چاہتے تھے کہ میں وہیں آجائوں۔ مجھے مہاجن نے انگریزی میں ایم اے کرنے کے لئے کہا اور تیس روپے کا ایک اسکالر شپ بھی دینے کا وعدہ کیا مکر جی نے بوٹنی میں اور ماتھر نے زوالوجی میں ایم سی کرنے پر اصرار کیا مگر میں طے کر چکا تھا کہ علی گڑھ میں پڑھوں گا۔" (خواب باقی ہیں: آل احمد سرورؔ۔ ایجو کیشنل بک ہائوس ،علیگڑھ۔ سن اشاعت۔ ۲۰۰۰ ص ۴۵)

ایک دوسری جگہ لکھتے ہیں:

"میں نے اپریل ۱۹۳۶ ذاکر صاحب کے مشورے سے اردو میں ایم اے کر لیا تھا ۔پہلے ارادہ انگریزی آنرس کرنے کیمبرج جانے کا تھا۔۔۔۔ مگر ایک تو شادی ہو گئی۔ پھر جولائی میں شعبہ اردو کی ایک جگہ پر میرا تقرر ہو گیا۔ یہ جگہ جلیل قدوائی کے جانے سے خالی ہو گئی تھی چنانچہ انگلستان جانے کا خیال ترک کرنا پڑا اب سوچتا ہوں چلا جاتا تو اچھا ہی رہتا مگر ذاکر صاحب نے کہا تھا کہ سدھانت اور بخاری نے انگلستان جاکر کون سا تیر مار لیا تم نے انگریزی میں ایم اے کیا ہے اس مطالعہ سے فائدہ اٹھا کر اپنی زبان میں کچھ کام کرو یہ بات میرے دل کو لگ گئی۔" (ایضاً۔ ص ۶۹)

جہاں تک رہی بات سرورؔ صاحب کی بہ حیثیت استاد تقرری کا معاملہ انہوں نے اس ذیل میں کبھی بھی کسی طرح کی جدوجہد کی ضرورت نہیں محسوس کی ہے۔ کتاب کو پڑھ کر ایسا محسوس ہوتا ہے کہ جیسے ہر کوئی انہیں تھال میں بھر کر یہ عہدہ پیش کر رہا ہو۔ اس

ذیل میں بھی اس کتاب سے چند اقتباس ملاحظہ ہوں۔

"اس سفر میں لکھنؤ سے گذرا تو اسٹیشن پر نورالحسن ہاشمی ملنے آئے انہوں نے مجھے بتایا کہ لکھنؤ یونیورسٹی میں اردو کے ایک ریڈر کی جگہ نکلی ہے وہ چاہتے تھے کہ میں اس کے لئے درخواست دوں۔ کچھ دنوں بعد مولوی عبدالحق صاحب کا فون آیا کہ دہلی آکر مجھ سے مل لو میں گیا تو انہوں نے کہا کہ لکھنؤ یونیورسٹی میں اردو کے ریڈر کے لئے درخواست دے دو۔ وہاں فارسی اور اردو کا مشترک شعبہ ہے میں چاہتا ہوں کہ اردو کا شعبہ الگ ہو جائے۔ لکھنؤ اردو کا مرکز رہا ہے تم وہاں پہنچ جائو تو بہت کچھ کر سکتے ہو"۔ (ایضاً۔ ص ۱۱۹)

اور ایک موقع سے کراچی یونیورسٹی کی پروفیسری کے لئے مولوی عبدالحق نے انہیں لکھا تھا۔ اس ذیل میں سرورؔ صاحب لکھتے ہیں:

"دراصل یہ آفر مولوی عبدالحق صاحب نے بھجوایا تھا۔ وہ میری بڑی قدر کرتے تھے۔ انہوں نے ہی لکھنؤ یونیورسٹی میں مجھے ریڈر بنوایا تھا اور عثمانیہ یونیورسٹی کی۔ پروفیسری کے لئے ڈاکٹر ولی محمد سے جو وہاں کے وائس چانسلر ہو گئے تھے میری سفارش کی تھی۔ کراچی یونیورسٹی میں جب اردو کی پروفیسری نکلی تو مولوی صاحب سے مشورہ کیا گیا انہوں نے میرا نام تجویز کیا اور مجھے بھی خط لکھا۔ خط میں یہ بات بھی تھی کہ میں چاہتا ہوں کہ تم میرے بعد انجمن ترقی اردو پاکستان کا کام سنبھالو اس لئے تمہیں یہ آفر بھجوایا ہے بہر حال میں نہ گیا"۔ (ایضاً۔ ص ۱۵۶)

اسی طرح ذاکر صاحب نے انہیں علی گڑھ میں ریسرچ پروفیسر کی پیش کش کی اور پھر رشید احمد صدیقی کی سبکدوشی کے بعد ان کی جگہ پروفیسر شپ کی یقین دہانی کرائی۔ سرورؔ لکھتے ہیں:

"جولائی میں ذاکر صاحب لکھنؤ آئے توانہوں نے کہا کہ ان کے ایک دوست عطاء اللہ درانی نے جو امریکہ میں ہیں ایک عطیہ اس لئے دیا ہے کہ غالبکے کلام کا انگریزی میں ترجمہ کیا جائے اور نول کشور پر ایک کتاب لکھی جائے۔ اس غرض سے سید حسین ریسرچ پروفیسر کی ایک جگہ علی گڑھ میں جلد قائم ہوگی آپ اس جگہ پر آجایے۔ دو ڈھائی برس کے بعد رشید صاحب ریٹائر ہونے والے ہیں اس کے بعد آپ پروفیسر اور صدر شعبہ ہو جائیں گے میں نے ان سے فوراً کہا کہ غالباً رشید صاحب کو آپ توسیع ضرور دیں گے۔ آپ کی تو ان سے پرانی دوستی ہے۔ میرے بھی عرصے سے بہت گہرے مراسم ہیں میں نہیں چاہتا کہ میری وجہ سے انہیں توسیع نہ ملے۔ ذاکر صاحب نے کہا کہ ان کی توسیع کا کوئی سوال نہیں ہے۔ میں تو عام طور پر توسیع کے خلاف ہوں۔ (ایضاً۔ ص ۱۵۷)

اس واقعے پر مسعود حسین خاں نے یوں روشنی ڈالی ہے:

"ذاکر صاحب اور رشید صاحب دونوں ایک دوسرے کی دوستی کا دم بھرتے تھے ۔ رشید صاحب کے لئے ذاکر صاحب 'مرشد' تھے۔ 'مضامین رشید میں 'اس نسبت اعلان ملتا ہے۔ ذاکر صاحب جب بھی علیگڑھ آتے رشید صاحب کے یہاں قیام کرتے۔ لیکن ذاکر صاحب کو رشید صاحب کی شعبہ اردو سے متعلق ناکردگی سے شکایت رہی اس لئے وہ ۱۹۵۵ میں لکھنؤ سے آل احمد سرور کو اپنے امریکی دوست عطاء اللہ صاحب کی قائم کردہ غالب چیئر پر لے آئے اور ان سے یہ وعدہ لیا کہ وہ خود کو صرف علمی کاموں میں مصروف رکھیں گے اور یونیورسٹی کی انتظامیہ سے بالکل الگ رہیں گے لیکن ۱۹۵۶ میں کرنل بشیر زیدی کے وائس چانسلر بنتے ہی انہوں نے ایک ہال کی پرووسٹی قبول کرلی۔ یونیورسٹی کی سیاست اور دوسری مصروفیت کی بنا پر وہ تفویض کردہ غالب کے اردو دیوان کا ترجمہ بھی نہیں کرسکے جس کی وجہ سے ذاکر صاحب آخری وقت تک ان سے شاکی رہے اور عطاء

اللہ صاحب نے تو نازیبا الفاظ استعمال کرتے ہوئے قانونی کارروائی کی دھمکی تک دی"۔(ورود مسعود: مسعود حسین خاں۔ خدا بخش اورنٹیل پبلک لائبریری، پٹنہ۔ سن تاریخ اشاعت ندارد۔ ص ۱۷۱)

دوران ملازمت ایسے مواقع بھی آتے ہیں کہ جب کہ سرورؔ صاحب درخواست بھی نہیں دیتے ہیں اور ان کو ترقی خود بخود مل جاتی ہے۔ ایک جگہ اور وہ لکھتے ہیں:

"۳۰ اپریل ۱۹۵۸ کو رشید صاحب سبکدوش ہوگئے اور میں نے شعبے کے صدر کی حیثیت سے پہلی مئی کو چارج لے لیا۔ رشید صاحب کی حیثیت کا اشتہار ہوا۔ میں نے درخواست نہیں دی۔ پھر جب انٹرویو میں بلایا گیا تو نہ گیا۔ سلیکشن کمیٹی جس میں سید مسعود حسن رضوی ادیب اور ڈاکٹر عابد حسین شامل تھے میرا تقرر کیا اور مجھے دو انکریمنٹ دینے کی بھی سفارش کی۔ غرض پہلی اگست ۱۹۵۸ سے میں پروفیسر ہوگیا"۔ (خواب باقی ہیں: آل احمد سرورؔ۔ ایجوکیشنل بک ہاؤس، علیگڑھ۔ سن اشاعت۔ ۲۰۰۰ ص ۱۹۵)

یہ تو رہا ان کا اپنا معاملہ دوسری طرف کتاب کی ورق گردانی سے یہ بھی پتہ چلتا ہے کہ جب دوسروں کی تقرری کے لئے ان کے نزدیک کچھ اصول وضوابط ہیں۔ اسی کتاب میں وہ ایک جگہ لکھتے ہیں:

"ہمارے یہاں استادوں کے تقرر کے طریقوں میں بھی اصلاح کی ضرورت ہے ۔ صرف کام کی بنا پر جو مطبوعہ ہو تقرر ہونا چاہیے۔ چند منٹ کے انٹرویو میں کسی کی صلاحیت کا امتحان نہیں ہو سکتا۔ ہاں مستند اور غیر جانبدار ماہرین سے رائے لی جاسکتی ہے اگر موقع دینے کے بعد بھی اہلیت ظاہر نہ ہو تو ملازمت کو ختم کر دینی چاہیے مگر ہمارے یہاں مروج کا راج ہے اس لئے یہاں یہ طریقہ شاید اختیار نہ کیا جا

سکے"۔(ایضاً۔ص ۲۴۰)

"شکاگو یونیورسٹی کے علمی ماحول سے میں متاثر ہوا۔ وہاں استادوں میں کام کی لگن دیکھی۔اس کا یہ نعرہ ہے کہ لوگ کام کریں اور اسے چھپوائیں ورنہ دفان ہوں۔ بہر حال استادوں کے لئے یہ تو ظاہر کرتا ہے کہ وہ برابر کچھ کرتے رہیں یہ دوسری بات ہے کہ یورپی اسکالروں کے نزدیک ان لوگوں کے کام کی گہرائی کم ہوتی ہے اور اعداد و شمار اور ان کی درجہ بندی پر زور زیادہ"۔(ایضاً۔ص ۲۳۸)

سرورؔ صاحب اساتذہ کے لئے بالکل یہ پسند نہیں کرتے ہیں وہ غیر درسی کاموں میں اپنا وقت ضائع کریں۔ڈاکٹر ضیاء الدین کی اس طرح کی پالیسی کی سخت مخالفت کرتے ہیں:

"میں نے اپنی تقریر میں ڈاکٹر ضیاء الدین کے تشریف لانے پر مسرت کا اظہار کرنے بعد ان سے شکوہ کیا کہ اگر چہ وہ ایک استاد رہے ہیں مگر استادوں کے خلاف وہی کچھ نہ کچھ فرماتے رہتے ہیں۔ پھر میں نے منصور حلاج کا قصہ بیان کیا کہ جب ان کو سولی دینے کے لئے لے جایا جارہا تھا تو مجمع میں سے کچھ لوگ انہیں پتھر مار رہے تھے مگر وہ ہر چوٹ پر ہنس دیتے تھے۔ آگے حضرت شبلیؒ کھڑے ہوئے تھے ان کے ہاتھ میں ایک پھول تھا انہوں نے از راہ مزاح وہ منصور پر پھینکا۔ منصور اس پر چیخ مار کر رونے لگے۔لوگوں نے پوچھا آپ عجب آدمی ہیں، پتھر کھار کر ہنستے ہیں اور پھول کی مار سے روتے ہیں۔ منصور نے کہا کہ جو پتھر پھینک رہے تھے وہ تو انجان ہیں مگر پھول پھینکنے والے تو محرم راز کہے جاسکتے ہیں اس لئے ان کی مار میرے لئے پتھر سے زیادہ سخت ہے۔ یہ کہہ کر میں نے شکوہ کیا کہ اساتذہ کو تو قوم کے بہت سے لوگ برا بھلا کہتے رہتے ہیں اور چونکہ وہ ناواقف ہیں اس لئے ہم ان کے اعتراضات کی پروا نہیں کرتے مگر آپ تو خود استاد رہے ہیں۔ آپ کا اعتراض ہمارے لئے بہت تکلیف دہ ہوتا ہے۔اس کے بعد میں نے کہا کہ اساتذہ کا اصل کام

تدریس اور تحقیق ہے ان سے یہ مطالبہ کہ وہ چندہ کرنے کے لئے ملک میں مارے مارے پھریں غلط ہے۔یونیورسٹی کے منصوبوں میں تعاون ہمارا فرض ضرور ہے مگر ہمارا بنیادی کام درس و تدریس، تحقیق، تدقیق اور طلبا کی تعلیم تربیت ہے"۔(ایضاً۔ص ۸۳)

علاوہ ازیں چاہے معاملہ لکھنؤ یونیورسٹی میں تقرری کا ہو یا علیگڑھ میں۔ الہ آباد کا یونیورسٹی ہو یا۔۔۔ سرورؔ صاحب اس میں ضرور شامل ہوتے ہیں اس کے علاوہ امید واروں کے ساتھان کا رحم و کرم شامل ہوتا ہے۔اس کی بھی چند مثالیں اس کتاب سے دیکھیں۔

"ذاکر صاحب کی آمد کی خبر سن کر نورالحسن مجھ سے ملے علی گڑھ میں تاریخ کے شعبے میں ریڈر کی ایک جگہ خالی ہوئی تھی نورالحسن چاہتے تھے اس کے لئے ذاکر صاحب سے میں ان کی سفارش کر دوں۔عام طور پر میں سفارش کا قائل نہیں مگر جب یہ دیکھتا ہوں کہ کوئی باصلاحیت آدمی کسی ایسی جگہ کا امیدوار ہے جس کے لئے وہ ہر طرح موزوں ہے تو میں کلمہ خیر ضرور کہہ دیتا ہوں، چنانچہ ذاکر صاحب کو میں نے ان کا Bio-Data دے دیا۔ذاکر صاحب نے کہا کہ وہ اچھے نوجوان کی ضرور ہمت افزائی کرتے ہیں اور حبیب صاحب سے مشورہ کر کے مناسب کارروائی کریں گے، بہر حال تھوڑے دن بعد نورالحسن صاحب کا ریڈر کی حیثیت سے علی گڑھ میں تقرر ہو گیا اور ۱۹۵۰ میں وہ یہاں آگئے"۔(ایضاً۔ص ۲۲۱)

مسعود حسین خان کی بھی پروفیسر کی حیثیت سے علی گڑھ میں تقرری سرور صاحب اپنی ہی کوششوں کا ثمرہ قرار دیتے ہیں انہیں اس بات کی تکلیف بھی ہے کہ مسعود حسین خان نے اپنی خود نوشت 'ورود مسعود' میں اس بات کا اعتراف نہیں کیا۔ اقتباس دیکھیں:

"میں نے کمیٹی میں اس بات پر زور دیا کہ لسانیات کے لئے ایسے پروفیسر کا انتخاب ہونا چاہیے جو اردو لسانیات، فارسی لسانیات اور عربی لسانیات پر بھی کام کر سکے۔ میرے نزدیک ان زبانوں کے ایم اے کے نصاب میں لسانیات کا ایک پرچہ اور زبان کی تدریس کے سلسلے میں لسانیات کا علم ضروری تھا۔ اس لئے میں مسعود حسین کا نام پیش کیا مگر کمیٹی اس کے لئے تیار نہ ہوئی اور علی یاور جنگ نے انتخاب ملتوی کر دیا۔ ۱۹۶۸ میں نے پروفیسر سنیتی کمار چٹرجی سے بات کی جو ہندوستان میں لسانیات کے سب سے بڑے استاد تھے ۔ساہتیہ اکیڈمی کے سلسلے میں ان سے اکثر ملاقات ہوتی تھی۔ شملے میں اکتوبر ۱۹۶۹ میں ایک سیمینار کے سلسلے میں ہم لوگ ساتھ رہے تھے۔ جب میں نے ان کے ساتھ تجویز رکھی کہ وہ علی گڑھ میں لسانیات کی پروفیسری کے لئے اکسپرٹ کی حیثیت سے آئیں تو انہوں نے میری بات منظور کرلی۔ مسعود صاحب کو ترجیح دینے کا میرا جو مقصد تھا اس سے بھی انہیں اتفاق تھا۔ بہر حال ان کے آنے سے یہ مرحلہ آسان ہو گیا۔ اس وقت علیم صاحب وائس چانسلر تھے اور ڈاکٹر نورالحسن ڈین میں نے دونوں سے پہلے ہی بات کرلی تھے۔ اگست ۱۹۶۸ میں مسعود صاحب آگئے۔ اپنی خود نوشت 'ورود مسعود' میں انہوں نے اپنے آنے کے لئے صرف علیم صاحب کی عنایت کا ذکر کیا ہے"۔(خواب باقی ہیں: آل احمد سرورؔ۔ ایجوکیشنل بک ہاؤس، علیگڑھ۔ سن اشاعت۔ ۲۰۰۰ ص ۲۲۷)

آل احمد سرور احتشام حسین صاحب کی الہ اباد یونیورسٹی میں تقرری میں اپنا پورا اثر رسوخ استعمال کرتے ہیں۔

"پھر جب اعجاز حسین کے سبکدوش ہونے پر الہ آباد یونیورسٹی میں پروفیسر کی جگہ شعبہ اردو میں خالی ہوئی تو میں ایک اکسپرٹ تھا۔ دوسرے محی الدین قادری زور اور تیسرے عبد القادر سروری تھے۔ میں نے احتشام کا نام پیش کیا اور سروری نے میری تائید

کی۔زور کسی وجہ سے احتشام کو پسند نہ کرتے تھے۔بہر حال اکثریت سے احتشام پروفیسر ہوگئے"۔(ایضاً۔ص ۱۴۹)

اگر اتفاق سے اپنی اس مہم میں کبھی ناکام ہوتے ہیں تو انہیں اس پر افسوس بھی ہوتا ہے۔ خلیل الرحمٰن اعظمی کی علی گڑھ میں پروفیسر کی حیثیت سے تقرری میں ایسا ہی کچھ دیکھنے کو ملتا ہے:

"خلیل الرحمٰن اعظمی بہت اچھے استاد تھے۔ان کے تنقیدی مضامین کے دو مجموعے شائع ہو چکے تھے۔ناصر کاظمی،ابن انشا،اور خلیل الرحمٰن اعظمی تینوں کی شاعری کی میرؔ کے اثرات کی وجہ سے جدید غزل میں اہمیت بھی مسلم ہو چکی تھی مگر جب شعبہ اردو میں پروفیسر کی ایک جگہ نکلی تو ان کا تقرر نہ ہو سکا حالانکہ میں نے ان کی پر زور سفارش کی تھی کچھ عرصے بعد ان کا انتقال ہو گیا یونیورسٹی نے انھیں مرنے کے بعد پروفیسر بنایا۔")(خواب باقی ہیں: آل احمد سرورؔ۔ایجو کیشنل بک ہائوس ،علیگڑھ۔سن اشاعت۔۲۰۰۰ ص)

یہاں پر اب بات کی وضاحت ضروری ہے کہ یونیورسٹی کی ملازمت سے سبکدوشی کے بعد اپنی نوکری میں خواطر خواہ اضافہ نہ ہونے کا سرورؔ صاحب بہت زیادہ افسوس ہے جب کہ اس طرح کے موقع پر وہ اپنے محسن رشید احمد صدیقی صاحب کے بارے میں ایسا کچھ بھی نہیں سوچتے ہیں بلکہ اس کا الزام وہ کبھی ذاکر صاحب تو کبھی کرنل بشیر احمد زیدی کے سر مڑھتے ہیں۔اپنی سبکدوسی پر بڑی حسرت سے لکھتے ہیں:

"۱۹۷۲ میں مجھے ایک سال کی توسیع ملی تھی میں نے کسی سے کچھ نہ کہا تھا۔میں اپنی جگہ یہ سمجھے ہوا تھا کہ علیم صاحب مجھے عرصہ دراز سے جانتے ہیں اور میرے کام سے بھی اچھی طرح واقف ہیں اس لئے یہ سلسلہ ابھی چلے گا مگر ہوا مجھے دوبارہ توسیع نہیں دی گئی

اور میں نے ۷ اکتوبر ۱۹۷۳ کو ڈاکٹر خورشید الاسلام کو جو اس وقت سینئر ریڈر تھے جارج دے دیا تھا"۔ (ایضاً۔ ص ۲۵۴)

رشید احمد صدیقی کی سبکدوشی اور ملازمت میں توسیع نہ ہونا ایک ایسا معاملہ ہے جس پر اکثر لوگوں نے خامہ فرسائی کی ہے۔ مسعود حسین خاں اپنی آپ بیتی "ورود مسعود" میں رقمطراز ہیں:

"افسوس اس بات کا ہے کہ دونوں استادوں میں آخر آخر میں اختلاف پیدا ہو گیا۔ رشید صاحب کا خیال تھا کی سرور صاحب کی وجہ سے انہیں ملازمت میں توسیع نہیں مل سکی اس پر علی گڑھ کے حلقوں میں بہت دنوں تک چہ می گوئیاں بھی رہیں۔ لوگ تصور بھی نہیں کر سکتے تھے کہ جو اس قدر قریب رہے ہوں وہ اس قدر دور بھی جاسکتے ہیں سرور صاحب نے ایک دو بار رشید صاحب دولت خانے پر حاضری دے کر معاملہ کو سلجھانا بھی چاہا لیکن رشید صاحب کے دل کی گرہ نہ کھلی۔" (ورود مسعود: مسعود حسین خاں۔ خدا بخش اورنٹیل پبلک لائبریری، پٹنہ۔ سن تاریخ اشاعت ندارد۔ ص ۸۳)

جب قاضی عبدالستار بھی رشید احمد صدیقی کی ملازمت میں توسیع نہ ہونے دینے کا قصوروار آل احمد سرور ہی کو ہی ٹھہراتے ہیں:

"رشید صاحب ریٹائر ہو چکے تھے۔ سرور صاحب شعبہ اردو کی صدارت ہتھیا چکے تھے، سرور صاحب نے پروفیسر رشید احمد صدیقی کو ایک دن کا بھی Extension نہیں ملنے دیا۔ رشید صاحب جو سرور صاحب کو اردو ڈیپارٹمنٹ میں لائے تھے، ان کی پرورش کی تھی ان کو اس قابل بنایا تھا کہ ان کے مقابلے میں کھڑے ہوں۔ انہوں نے کرنل بشیر احمد زیدی جو وائس چانسلر تھے اور سرور صاحب کی مٹھی میں تھے، انھیں شیشے میں اتار کر رشید صاحب کو ایک دن کا بھی Extension نہیں ملنے دیا۔۔۔۔۔ اس یونیورسٹی کی

تاریخ میں رشید صاحب پہلے پروفیسر تھے جو ایک طرح سے جبراً ریٹائر کر دیے گئے تھے۔"(قاضی عبدالستار :اسرار و گفتار:راشد انور راشد۔ عرشیہ پبلیکیشنز۔ دہلی سن اشاعت ۲۰۱۴۔ ص ۱۷۵)

سرورؔ صاحب کو تقرری کا آفر علی گڑھ سے سبکدوشی کے بعد بھی ملک کے مختلف حصوں سے ہنوز جاری رہا۔

"میں لکھنؤ میں تھا ایک دن ذاکر صاحب کا تار آیا مجھ سے فوراً آکر ملو چنانچہ دوسرے دن علیگڑھ پہنچا تو انہوں نے بتایا کہ کشمیر میں ڈائریکٹر ایجوکیشن کی جگہ خالی ہونے والی ہے اسد اللہ کاظمی صاحب کا ٹرم ختم ہو رہا ہے شیخ صاحب نے اس سلسلے میں مجھے کوئی مناسب نام تجویز کرنے کے لئے کہا ہے فی الحال تو ایک نئے کالج کی پرنسپلی کا سوال ہے لیکن بعد میں ڈائرکٹر ایجوکیشن کی جگہ بھی خالی ہوگی تم فوراً کشمیر جاکر شیخ صاحب سے مل لو، چنانچہ میں دہلی جاکر ان سے ملا اس وقت شاہ میری صاحب ان کے پاس بیٹھے ہوئے تھے۔ شیخ صاحب سے کوئی گھنٹہ ڈیڑھ گھنٹہ دنیا جہان کی باتیں ہوئیں اور انہوں نے پرنسپلی کی جگہ قبول کر لینے کے لئے مجھ سے اِصرار کیا میں نے کہا میں غور کر کے چند روز میں جواب دونگا۔ چند روز مدحت کامل قدوائی چیف سکریٹری کی طرف سے باقاعدہ تقرر کا خط آیا مگر میں نے ہر پہلو پر غور کر کے معذرت کرلی۔ یونیورسٹی سے کالج کی پرنسپلی پر جانا مجھے اچھا نہ لگا۔"(خواب باقی ہیں: آل احمد سرورؔ۔ ایجوکیشنل بک ہائوس، علیگڑھ۔ سن اشاعت۔ ۲۰۰۰ ص ۲۸۲)

اس طرح سے سرور صاحب گھما پھرا کر سرور جموں یونیورسٹی کی پیش کش کو قبول کر لیتے ہیں:

"تیس جولائی ۱۹۷۶ میں شملے کے قیام کے زمانے میں ڈاکٹر گیان چند کا خط ملا جس

میں انھوں نے لکھا تھا کہ میرا تقرر الٰہ آباد میں اردو کے پروفیسر کی حیثیت سے ہو گیا ہے اور میں نے وائس چانسلر کو یہ مشورہ دیا ہے کہ سرور صاحب کو دو یا تین سال کے لئے اردو کے پروفیسر کی حیثیت سے بلا لے۔ انہوں یہ بھی لکھا کہ وائس چانسلر ایک مٹینگ کے سلسلے میں شملے جارہے ہیں آپ سے ملنے کے خواہش مند ہیں آپ ضرور ان سے مل لیں ۔میری عمر اس ۶۴ برس کی ہونے والی تھی دو یا تین سال کے لئے یہ آفر دلکش معلوم ہوا۔ شملے میں تو زیادہ قیام کا سوال ہی نہ تھا۔ چنانچہ جب وائس چانسلر آئے تو میں ان سے ملا ۔انہوں نے مجھے اصرار کیا کہ میں جموں آجائوں اور میں نے سب پہلوئوں پر غور کر کے انہیں جواب دینے کا وعدہ بھی کر لیا۔ جب ان کا باقاعدہ تقرر کا پروانہ آیا تو ہامی بھر لی، مگر چند روز بعد سید رضی الحسن چشتی وائس چانسلر کشمیر یونیورسٹی کا ٹیلیفون آیا کہ کشمیر یونیورسٹی میں ایک اقبال چیئر قائم ہو رہی ہے اور وزیر اعلیٰ شیخ عبد اللہ نے یہ خواہش ظاہر کی ہے کہ سرورؔ صاحب کشمیر آجائیں۔ انہوں نے ذاتی طور پر بھی مجھ سے اس پیشکش کو قبول کرنے کے لئے اصرار کیا۔ چشتی میرے سینٹ کالج کے پرانے ساتھی اور دوست تھے ۔میں نے ان سے جموں یونیورسٹی کی پیشکش کا ذکر کیا تو انہوں نے کہا کہ وہ شرما صاحب کو میرے کشمیر جانے پر راضی کر لیں گے۔ تقرر ۱۹۷۷ کے نئے تعلیمی سال تھا میں حسب معمول شروع دسمبر میں علی گڑھ آگیا۔ اور یہیں مجھے کشمیر کے تقرر کا پروانہ بھی ملا۔۔۔۔۔ بہر حال کشمیر کی کشش جموں پر غالب آئی۔" (ایضاً۔ ص ۲۶۶)

مگر افسوس کہ نو سال تک 'اقبال چیئر' پر براجمان رہنے کے باوجود بھی انہوں نے ،وہ نہیں جس کی اہل کشمیر کو امید تھی۔ دیکھئے مسعود حسین خان اس ذیل کیا فرماتے ہیں:

"دراصل پتّہ مار کام سرور صاحب کے بس کا کبھی نہیں رہا ایک ذہین انسان ہونے کے ناتے وہ طلاقت لسانی اور تنقیدی اشارات و متفرقات کے مرد میدان ہیں۔ چونکہ ان

کا مطالعہ وسیع ہے اس لئے وہ ہر موضوع پر تیزی کے ساتھ کچھ کچھ لکھنے کی صلاحیت رکھتے ہیں۔ ان کے ذہن میں عرصے سے اقبال پر تصنیف کا ایک خاکہ ہے جس کی تکمیل کشمیر کے دس سالہ قیام میں بھی جب اقبال ان کا اوڑھنا اور بچھونا تھا نہ کر سکے"۔(ورود مسعود: مسعود حسین خاں۔ خدا بخش اورنٹیل پبلک لائبریری، پٹنہ۔ سن تاریخ اشاعت ندارد۔ ص ۱۷۱)

آخر میں، میں ایک اور بات کا ذکر کرتا چلوں اگرچہ اسکا ذکر ہونا تو چاہیے تھا سب سے پہلے۔ غالب قصیدے کی تشبیب کا مشہور شعر ہے:

دہر جز جلوۂ یکتائی معشوق نہیں
ہم کہاں ہوتے اگر حسن نہ ہوتا کودبین

عشق و محبت ایک فطری جذبہ ہے دنیا کے ادب میں اس موضوع پر بہت کچھ لکھا گیا ہے، ہندوستانی ادب بھی اس سے خالی نہیں ہے۔ جوش ملیح آبادی نے اپنی خود نوشت 'یادوں کی برات' میں اپنے سترہ معاشقوں کا ذکر کیا ہے جس میں چند ایک 'عطار کے لونڈے' بھی شامل ہیں، مسعود حسین خاں جو پہلی نظر میں ہم کو صوفی صافی نظر آتے ہیں۔ ان کی خود نوشت 'ورود مسعود' میں ہم کو اس طرح کی عباتیں بھی نظر آجاتی ہیں:

"یورپ میں ہندوستانی نوجوانوں کو سب سے زیادہ خیرہ کرنے والا وہاں حسن نسوانی ہے خاص طور پر نسوانی حسن کے وہ ڈھلے ہوئے پیکر جو لاطینی ممالک (فرانس، اٹلی، اسپین وغیرہ) میں ملتے نظر آتے ہیں، ان کے لئے بے حد جنسی کشش رکھتے ہیں۔ ان کے جسم کے کمبخت دلآویز خطوط، یقینا مشرقی حسن کے پیکروں سے زیادہ حسین ہوتے ہیں۔ ان کو قیام بھی زیادہ رہتا ہے 'بیسی اور کھیسی' کی مثل ان پر صادق نہیں آتی۔ ان کی جانب منفی اور مثبت دو قسم کے رد عمل ہوتے ہیں لیکن دونوں کی یکتائی سے ان کا اثبات ملتا ہے

"۔(ورود مسعود: مسعود حسین خاں۔ خدا بخش اور نٹیل پبلک لائبریری، پٹنہ ۔ سن۔ تاریخ اشاعت ندارد۔ ص ۱۵۳)

ایک اور جگہ علی گڑھ کی نمائش کے بارے میں اس طرح رقمطراز ہیں:

"ایک غلط انداز کے ساتھ گھنٹوں یار دوستوں کے ساتھ، نمائش گاہ میں تیز برقی قمقموں کی روشنی میں چکر پر چکر لگاتے اپنی یا کسی دوست کی جیب میں پیسے ہوئے تو کباب پراٹھوں کی دکان کی جانب جانکلے اور خورجہ کے شلجم کے اچار کے ساتھ، گرما گرم بحث میں لقمۂ گرم نوش کیا۔ یہ معمول تقریباً دس بارہ روز رہتا۔ سیاہ برقعوں میں ملبوس (بقول شخصے کالی ناگنیں) جب سر سراتی نمائش گاہ میں داخل ہوتیں تو دلوں کی دھڑکنیں بڑھ جاتیں۔ لیکن اسلامی سماج کی:

ہائے ری! مجبوریاں، محرومیاں، ناکامیاں"۔ (ایضاً۔ ص ۹۴)

سرورؔ صاحب کہتے تو ہیں:

"اقبالؔ کی طرح میرے لئے بھی حسن نسوانی بجلی ہے"۔((خواب باقی ہیں: آل احمد سرورؔ۔ ایجوکیشنل بک ہاؤس، علیگڑھ۔ سن اشاعت۔ ۲۰۰۰ ص ۹)

پوری کتاب آپ سرمہ بنالیجئے مگر ایسا کچھ بھی آپ نظر نہیں آئے گا۔ تلاش بسیار کے بعد ایک جگہ کچھ اس طرح سے نظر آتا ہے:

"میں سولن میں رشید صاحب سے ملنے کے لئے اتر گیا۔۔۔ پہاڑوں کا سفر مجھے بہت اچھا لگتا ہے۔ فطرت کے بوقلموں مناظر نظر کے سامنے رہتے ہیں۔ کہیں پرُشور نالے، کہیں سر فلک چوٹیاں کہیں گھنے اور پُراسرار دیودار جنگل کہیں دور تک سبزہ کہیں پتھروں کے ڈھیر۔ رات کو تارے ایسے چمکتے ہوئے جیسے انہیں ابھی نئی روشنی ملی ہے ۔ تندرست عورتیں جو سر پر بڑے گٹھے اٹھائے لچکتی چلی جاتی ہیں۔ ان کے اعضاء سڈول

اور آنکھیں ہرنوں کی سی۔بچے میلے کچیلے مگر ان کے چہرے چاند سے چمکتے ہوئے "۔(خواب باقی ہیں: آل احمد سرورؔ۔ایجو کیشنل بک ہاؤس، علیگڑھ۔سن اشاعت۔۲۰۰۰ ص۶۷)

اس لئے مشہور صحافی خوشونت سنگھ نے اس کتاب کے بارے میں یہاں تک لکھ دیا:

"اس کتاب میں عشق کا کوئی تذکرہ ہی نہیں اس لئے اس میں کوئی چاشنی بھی نہیں ہے۔"(ایضاً۔ص ۳۶۴)

اور سرور صاحب کو بتایا "تم زندگی کو ذرا سنجیدگی (Seriously) سے لیتے ہو" میں تو پھولوں سے ،اچھی صورتوں سے اور اچھی شراب سے دل بہلاتا ہوں۔"(ایضاً ص ۳۳۴)

اس ذیل میں سرورؔ صاحب کا ذاکر صاحب سے بھی تبادلہ خیالات ہوا۔ ذاکر صاحب نے انہیں بتایا:

ناسازگار حالات کے لئے تین مجرب نسخے ہیں ایک تصوف، دوسرا شراب، تیسرا کام۔ میں نے تیسرا نسخہ آزمایا ہے۔"(ایضاً۔ص ۳۵۰)

سرورؔ صاحب کو تیسرا نسخہ ہی پسند آیا۔

ہر شخص آل احمد سرور کی خدمات کا معترف ہے ان کی بلندی کو کوئی چھو نہیں سکتا۔ ان کی شخصیت باوقار ہے مگر وہ ایورسٹ کی چوٹی پر چڑھتے چڑھتے رہ گئے۔ سب کے دل میں ان کی محبت کی وجہ سے ہم چاہتے تھے کہ ان کو فاتح ایورسٹ لکھیں۔ جو شخص اقبال چیر کا 'پرسن' ہو جو اقبال کے ارد گرد جیئے اس کے باوجود اس میں اقبال کی فکر نہ جاگے، اس میں اقبال کی تحریک نہ جاگے اس کا مطلب کچھ اور ہے۔ سوچنے والا ذہن یہاں آکر رک جاتا ہے۔رشید صاحب کے شاگرد، علی گڑھ کے مایہ ناز سپوت اقبال چیر کے '

چیر پرسن 'اس کے بعد جو شخصیت بنتی ہے وہ یہ ہے نوکری مل جائے، ایکسٹنشن مل جائے پینشن مل جائے۔ پورا سانچہ نوکری کا لگ رہا ہے شروع زندگی سے آخر تک اردو کے طالب علم اور ادیب ہی رہے۔ مفکر نہ بن سکے مکمل انسان نہ بن سکے۔ ہماری خواہش تھی کہ پروفیسر مجیب بنتے، ڈاکٹر عابد حسین بنتے، خواجہ غلام سیدین بنتے، ڈاکٹر ذاکر حسین بنتے، مگر افسوس کے ان کی خود نوشت کو پڑھ کر ایسا کچھ بھی سامنے نہیں آتا ہے۔ (ختم شد)

***

انور آفاقی کی شخصیت اور تخلیق کا آئینہ :"آئینہ در آئینہ"

ڈاکٹر احسان عالم

محمد امام الہدیٰ انور اپنے قلمی نام انور آفاقی سے جانے جاتے ہیں۔ موصوف کی کئی کتابیں منظر عام پر آچکی ہیں۔ وہ کتابیں "لمسوں کی خوشبو"(شعری مجموعہ)، "دیرینہ خواب کی تعبیر"(سفر نامہ کشمیر)، "پروفیسر مناظر عاشق ہر گانوی سے گفتگو"(انٹرویو)، "نئی راہ نئی روشنی"(افسانوی مجموعہ) ، "دوبدو" (ادبی مکالمہ)، "میزان فکر و فن" (مضامین) ہیں۔ ساری کتابوں نے قارئین سے اچھی خاصی پذیرائی حاصل کی ہیں۔ انور آفاقی کی شخصیت میں جتنی دلپذیری ہے اتنی ہی ان کی تخلیق میں شائستگی اور شگفتگی ہے۔ موصوف کی اخلاق مندی، دل میں جگہ بنالینے والی مسکراہٹ اور عمدہ تخلیق کی وجہ سے بہت سے ناقدین ادب نے ان کی مختلف تخلیقات پر اپنے تاثرات کا اظہار کیا۔ "انور آفاقی : آئینہ در آئینہ "انہیں تاثرات اور مضامین کا مجموعہ ہے۔

زیر مطالعہ کتاب "انور آفاقی : آئینہ در آئینہ "کو ان کی بیٹی ڈاکٹر عفاف امام نوری نے ترتیب دیا ہے۔ کتاب در بھنگہ ٹائمز پبلکیشنز سے شائع ہوئی ہے۔ کتاب کی طباعت ، بائنڈنگ اور اس میں شامل تصاویر بہت دیدہ زیب ہے۔ کتاب کی مرتبہ ڈاکٹر عفاف امام نوری نے اپنے عرض مرتب کے طور پر تفصیل بیان کی ہے جس سے ایک اقتباس ملاحظہ کریں:

"ابو ایک دن کسی ادبی کام میں مشغول تھے۔ میں نے مشغولیت کی وجہ پوچھی تو کہنے لگے، ایک آنے والی کتاب کی تیاری کرنی ہے۔ میں نے ان سے پوچھا کہ کیا میں کچھ مدد کر سکتی ہوں۔ تو انہوں نے مجھے غور سے دیکھا۔ کچھ سوچنے لگے اور کہا کہ میری آنے والی کتاب کو کوئی اور نہیں اب تم ہی ترتیب دو گی۔ اور اس کی ذمہ داری میں تم کو آج ہی سونپتا ہوں۔ اس کی تیاری میں جو بھی مدد کی ضرورت محسوس کرو مجھ سے لے سکتی ہو۔ اس دن سے میں ان کی مطبوعہ کتابوں پر لکھے گئے مضامین کو پڑھنے لگی اور کتاب کی تیاری میں لگ گئی۔ اس کتاب "انور آفاقی: آئینہ در آئینہ" میں ان کے انٹرویو کے ساتھ خاندانی شجرہ بھی شامل ہے۔ امید ہے قارئین ادب پسند فرمائیں گے۔"

"انور آفاقی: آئینہ در آئینہ" میں انور آفاقی کا خاندانی شجرہ ہے جو چھ صفحات پر محیط ہے۔ اس کے بعد کتاب کی مرتبہ ڈاکٹر عفاف امام نوری نے اپنے والد محترم سے ان کی شخصیت، ملازمت، ادبی کارنامے، خاندانی احوال اور تخلیقات سے متعلق انٹرویو لیا ہے جو ۲۳ صفحات پر مشتمل ہے۔ اس انٹرویو میں انور آفاقی کی زندگی کے مختلف گوشے نمایاں ہو جاتے ہیں۔

مرتبہ نے انور آفاقی کی مختلف تخلیقات کی بنیاد پر ناقدین ادب کی آراء کو سجانے کی عمدہ کوشش کی ہے۔ سب سے پہلے انور آفاقی کے شعری مجموعہ "لمسوں کی خوشبو" کے حوالے سے تحریر کئے گئے تاثرات ہیں۔ اس ضمن میں پہلا مضمون جاوید انور (وارانسی) کا ہے۔ موصوف انور آفاقی کی شعری جہات پر روشنی ڈالتے ہوئے لکھتے ہیں:

"انور آفاقی کے شعری تخیلات کا رشتہ زمین سے بہت استوار ہے۔ انہیں بخوبی احساس ہے کہ اپنی زمینی مسائل سے صرف نظر کرتے ہوئے محض تاثراتی اور تخیل کے پردے میں تعقلاتی اور مابعد الطبیعیات کی دنیا کو پیش نظر رکھ کر فن کا مکمل اظہار ممکن

نہیں۔ فن کی پرورش دراصل ان تمام نظریات کو ملحوظ رکھتے ہوئے اپنے زمینی رشتوں کے آئینے میں ہی ممکن ہے۔ زمین سے رشتہ ٹوٹ جائے تو کوئی ادب زندہ نہیں رہ سکتا۔ یا اگر اظہار کی قوت کو بہت مستحکم بنایا جائے تو پھر بھی یہ محض فنٹاسی (Fantasy) کی اعلیٰ ترین مثال کے ہی مشابہ ہوگا۔" (ص:۴۵)

ڈاکٹر سلیم خاں "انور آفاقی کی شاعری کا لمس" کے عنوان سے لکھتے ہیں کہ حسن اور سادگی کی یکجائی پر جو لوگ یقین نہیں کرتے ان کو چاہئے کہ وہ انور آفاقی کو سنیں، پڑھیں اور محسوس کریں اس لئے کہ یہ احساس کی شاعری ہے۔ شاید یہی وجہ ہے کہ اپنے مجموعہ کلام کا نام "لمسوں کی خوشبو" رکھا ہے۔ خوشبو ایک غیر طبعی احساس ہے جسے نہ دیکھا جاسکتا ہے اور نہ ناپا تولا جاسکتا ہے۔ خوشبو کا تعلق سونگھنے والے کی قوت شامہ سے ہے اس لحاظ سے احساس کی کمیت اور کیفیت ہر فرد کے لئے مختلف ہوتی ہے۔ انور آفاقی کی شاعری کا بھی یہی معاملہ ہے۔

ڈاکٹر مجیر احمد آزاد ایک معروف افسانہ نگار ہیں۔ اس کے علاوہ وہ تنقیدی و تحقیقی مضامین بھی لکھتے ہیں۔ ان کے پانچ افسانوی مجموعے شائع ہو کر مقبول ہو چکے ہے ں۔ اپنے آس پاس اور اپنے ماحول پر ان کی گہری نظر ہوتی ہے۔ وہ سماج کو اچھی حالت مے ں دے کھنا چاہتے ہے ں۔ غلط رسم و رواج، اندھی عقے دت، فضول خرچی جے سی باتوں پر وہ زے ادہ توجہ دے تے ہے ں۔ اونچ نے چ اور ذات پات کے بھے د بھاؤ کو وہ اپنے افسانوں کے ذرے عہ دور کرنا چاہتے ہے ں۔ ان کی سب سے بڑی خوبی ے ہ ہے کہ وہ دے ہی زندگی کی بالکل سچی عکاسی اپنے افسانوں مے ں کرتے ہے ں۔ انہوں نے "لمسوں کی خوشبو" کے حوالے سے ایک منفرد عنوان "کئی سورج مری آنکھوں میں جلے ہیں بابا" کے تحت لکھتے ہیں:

"محبت اور یادیں ان کے شعری اظہار کا ایک خاص وصف ہے۔ اپنی محبت کا اظہار کرتے ہیں تو یادوں کا ایک سلسلہ نکل پڑتا ہے۔ ان کے جذبہ عشق میں پاکیزگی ہے ،ایک قسم کی معصومیت ہے اس لئے ہر سامع اور قاری خود کو اس سے وابستہ پاتا ہے۔ ان کے یہاں ذات کا درد وسیع تناظر میں احوال کائنات کا قصہ بن جاتا ہے۔ "اپنے شہر میں" ان کی مشہور نظم ہے۔ اس کی رومان پرور فضابندی، حسن خیال اور حسین الفاظ کی پرو کاری سے عبارت ہے۔ اس نظم کو شاعر نے 'اپنی شریک حیات کی نذر' کیا ہے یہ بھی ان کی انفرادیت ہی کہی جائے گی کہ ان کا محبوب ان کی شریک حیات ہے۔ یہ صالح فکر و نظر کی وہ نمائندگی ہے جس کی مثالیں کمیاب ہیں۔" (ص:۶۱)

خلیق الزماں نصرت انور آفاقی کی شاعری کے حوالے سے لکھتے ہیں کہ انور کے شعروں کے مطالعے سے پتہ چلتا ہے کہ وہ نہ تو نووارد ہیں اور نہ ان کی شاعری ایسی ہے جس کے لئے حالی نے پرچم اجتہاد بلند کیا یا کلیم الدین احمد نے اسے نیم وحشی کہہ کر اس کی گردن مار دینے پر زور دیا۔ ان کی شاعری عام فہم ہے جو بے لفظی اور معنوی الجھاؤ سے دور ہے۔

اسلم چشتی (پونے) انور آفاقی کی شاعری سے کافی متاثر نظر آتے ہیں اور لکھتے ہیں کہ انور آفاقی کی غزلیہ شاعری کلاسیکل شاعری کی اعلیٰ روایتوں کا پاس رکھتی نظر آتی ہے ساتھ میں نئی لفظیات اور تراکیب کو جذب کرتے ہوئے قاری کے ذوق سخن کو محظوظ بھی کرتی ہے اور مطمئن بھی۔ اس منزل تک پہنچنے میں شاعر انور آفاقی کی جو محبت لگی ہو گی اس کا اندازہ خلوص سے شعر کہنے والا کوئی شاعر ہی لگا سکتا ہے۔

راقم الحروف نے بھی انور آفاقی کے شعری مجموعہ "لمسوں کی خوشبو" پر خامہ فرسائی کی ہے۔ صحافی، ادیب و شاعر ڈاکٹر منصور خوشتر انور آفاقی کی شاعری کے ضمن

میں لکھتے ہیں کہ انور آفاقی نے اپنی شاعری میں (لمسوں کی خوشبو) کے توسط سے جو اخلاقی اور معاشرتی سچائیاں بیان کی ہیں وہ فکر و خیال کے مختلف زاویوں کی تبدیلی کے ساتھ ساتھ ان کے شعری منصب کو بھی احاطہءواقفیت میں لاتی ہیں۔انھوں نے اپنے بیشتر اشعار میں سچائی اور حقیقت بیانی کو ترجیح دی ہے جو ان کی فکر و نظر کے پاکیزہ اور صالح عناصر کی نشاندہی کرتی ہیں ۔ انھوں نے اپنی غزلوں میں زمانے میں رونما ہونے والی تبدیلیوں کا خیال کرتے ہوئے اس کی فکری اصالت اور معنوی طہارت کو اردو تہذیب کا ایک ناگزیر حصہ قرار دینے کی بھرپور کوشش کی ہے۔

کتاب "انور آفاقی: آئینہ در آئینہ" کے دوسرے باب "دیرینہ خواب کی تعبیر" کے حوالے سے کئی مشاہیر ادب نے اپنے تاثرات کا اظہار کیا ہے۔ اس تعلق سے شمیم قاسمی (عظیم آباد) لکھتے ہیں کہ وادیِ کشمیر کے لیے دربھنگہ سے اچانک انور آفاقی کے رخت سفر باندھنے کی مبارک ساعت کچھ یوں بھی آئی کہ ۳۲ نومبر ۱۰۲۷ءکو منصور خوشتر کی مرتب کردہ کتاب "اردو ناول کی پیش رفت" کے رسم اجرا کے لیے جدید افسانوی دنیا کے ممتاز فکشن نگار، اردو پرست اور نگینہ انٹرنیشنل کے مدیر اعلیٰ وحشی سعید (ساحل) کی جانب سے ایک دعوت نامہ ملا تھا۔ رونمائی میں بیک وقت ڈاکٹر انتخاب ہاشمی، انور آفاقی اور منصور خوشتر کی شمولیت سے نہ صرف دربھنگہ شہر بلکہ یوں دبستان عظیم آباد کی بھی نمائندگی ہوگئی۔

"انور آفاقی: کچھ یادیں، کچھ کتابیں" کے عنوان سے معروف ادیب وشاعر نذیر فتح پوری (پونے) نے انور آفاقی کے تعلق سے کئی یادوں کو اپنے مضمون میں سمونے کی کوشش کی ہے۔ وہ لکھتے ہیں:

"کتاب "دیرینہ خواب کی تعبیر" کے عنوان سے ۸۱۰۲ءمیں شائع ہوئی تھی۔ یہ

کشمیر کے سفر کی روداد ہے جو شخص فطرت پسند ہوتا ہے، قدرتی مناظر سے لطف اندوز ہونے کی خواہش رکھتا ہے۔ اس کی پہلی پسند یقیناً کشمیر جنت نشان ہی ہوگی۔ انور آفاقی جب کشمیر کی سیر کو گئے تو ڈاکٹر منصور خوشتر اور ڈاکٹر انتخاب ہاشمی ان کے ہم سفر و ہم رکاب تھے۔ وادیوں، جھیلوں، جھرنوں، پہاڑوں، برف زاروں اور آبشاروں کا سفر اگر کوئی تنہا کرتا ہے تو اسے وہ لطف نہیں ملتا جو ہم سفر اور ہم جولیوں کے ساتھ ملتا ہے۔"(ص:۱۳۸)

انور آفاقی کے افسانوی مجموعہ "نئی راہ نئی روشنی" کے حوالے سے بھی کئی مشاہیر ادب نے اپنے مضامین تخلیق کئے ہیں۔ کامران غنی صبا ایک نوجوان شاعر، ناقد اور محقق ہیں۔ ان کے افسانوی مجموعہ کا تذکرہ کرتے ہوئے وہ لکھتے ہیں کہ انور آفاقی کی تخلیقات کا مطالعہ ہمیں ایک حساس اور پراسرار تخلیق کار سے متعارف کرواتا ہے۔ اِس وقت میرے پیش نظر ان کا افسانوی مجموعہ "نئی راہ نئی روشنی ہے"۔ اس مجموعہ میں کل ۱۳ افسانے شامل ہیں۔ ان میں زیادہ تر افسانے المیاتی ہیں۔ ان کے افسانوں میں شکستِ محبت کا غم محسوس کیا جا سکتا ہے۔ سماجی بندشوں کے خلاف احتجاج کی دھیمی دھیمی لے انور آفاقی کے افسانوں میں نظر آتی ہے۔

سلیم انصاری جبل پور "انور آفاقی کے افسانے: عصر حاضر کے تناظر میں" کے عنوان سے لکھتے ہیں کہ مجھے انور آفاقی کے بارے میں یہ جان کے خوشگوار حیرت ہوئی کہ وہ اولاً افسانہ نگار ہیں اور انہوں نے پہلا افسانہ ۱۹۷۱ میں تخلیق کیا، بعد میں وہ شاعری کی طرف راغب ہوئے۔ ورنہ عام طور پر لوگ شاعری سے نثر کی طرف رجوع کرتے ہیں ۔ان کی زیرِ نظر کتاب میں ڈاکٹر احسان عالم کا ایک تفصیلی مضمون بھی شامل ہے جس میں انہوں نے انور آفاقی کے تمام افسانوں کا تجزیہ پیش کیا ہے جو اہم اور قابلِ مطالعہ ہے۔

"پروفیسر مناظر عاشق ہرگانوی سے گفتگو" ایک ایسی کتاب ہے جس میں انور آفاقی نے مناظر عاشق ہرگانوی سے مختلف سوالات پر مبنی انٹرویو پیش کیا ہے۔ اس کتاب کے حوالے سے معروف شاعر، ناقد، محقق، کالج اور یونیورسٹی کے بہترین منتظم کار پروفیسر مشتاق احمد نے ایک مضمون تحریر کیا ہے۔ وہ لکھتے ہیں:©

"انور آفاقی کے انٹروے وسے اے ک طرف ان کی شخصے ت کے ظاہری پہلو سے واقفے ت ہوتی ہے تو دوسری طرف ان کے ذہنی روش سے بھی آشنائی ہوتی ہے۔ انور آفاقی کا اے ہ ادبی کارنامہ قابلِ تحسے ن ہے کہ انہوں نے پروفے سر ہرگانوی جے سی بحرِ ذخّار شخصے ت کو انٹروے و کی صورت اے عنی کوزے مے ں درے اکو سمونے کا کارنامہ انجام دے اہے۔ ظاہر ہے کہ انٹروے وانسان کے ظاہر و باطن کا آئےنہ ہوتا ہے اور اس انٹروے و مے ں فنِ انٹروے و کے اس تقاضے کو پورا کرنے کی کوشش کی گئی ہے۔"(ص:۱۶۱)

ڈاکٹر امام اعظم دو درجن کتابوں سے زیادہ کے مصنف ہیں۔ کولکاتا ریجنل سنٹر میں ریجنل ڈائرکٹر کے عہدہ پر فائز ہیں۔ انہوں نے "مناظر عاشق ہرگانوی سے انور آفاقی کا مصاحبہ: میری نظر میں" کے عنوان سے ایک جامع مضمون قلمبند کیا ہے۔ موصوف اس انٹرویو کے حوالے سے لکھتے ہیں:

"پروفیسر مناظر عاشق ہرگانوی سے انور آفاقی کا یہ مصاحبہ تخلیقی، تنقیدی، صحافتی اور تدریسی مقامیت کے گہرے نقوش چھوڑتا ہے، جس میں ہمہ رنگی کی صفت ہے۔ علاوہ ازیں اس مصاحبے میں انور آفاقی نے ایک تخلیق کار اور باخبر قاری کی حیثیت سے پروفیسر مناظر عاشق ہرگانوی کو اس طرح کریدا ہے کہ ان کی ذات، ماضی، حال اور مستقبل کے تناظر میں، ان کے خیالات، احساسات اور تجربات ادب و فن کی سمت و رفتار کے بارے

میں اور اردو زبان کی بقا و ارتقا پر اکیسویں صدی کے تناظر میں اہم نظریہ سامنے آتا ہے، جو فکر کو مہمیز کرتا ہے اور ہماری آنکھیں کھولتا ہے۔"(ص:۱٦٦)

انوارالحسن وسطوی (حاجی پور) ایک معروف ادیب ہیں۔ ان کی کئی تصانیف منظر عام پر آچکی ہیں۔ موصوف انور آفاقی کی کتاب "دوبدو" کے حوالے سے ایک طویل مضمون میں بڑی پُر مغز باتیں اس طرح لکھتے ہیں:

""دوبدو" کی ایک خصوصیت یہ بھی ہے کہ مصنف نے ہر انٹرویو کے قبل انٹرویو دہندہ کا مختصر تعارف بھی پیش کیا ہے جسے پڑھ کر صاحب انٹرویو کے تعلق سے فوری طور پر ایک مثبت رائے قائم ہوتی ہے اور ذہن انٹرویو پڑھنے کے لیے پوری طرح آمادہ ہو جاتا ہے۔"(ص:۱٦۸)

مفتی محمد ثناء الہدیٰ قاسمی(نائب ناظم امارت شرعیہ پھلواری شریف، پٹنہ)انور آفاقی کے انٹرویو کے مجموعہ "دوبدو" کے حوالے سے لکھتے ہیں کہ انور آفاقی نے اس کتاب میں شامل نورتنوں کا ہر انٹرویو سے قبل مختصر تعارف پیش کر کے ان کی ذات و صفات اور خدمات کو سمجھنے کی راہ ہموار کر دی ہے۔ جس کے پاس وقت ہو وہ پورا انٹرویو پڑھ لے۔ معلومات میں اچھا خاصا اضافہ ہوگا۔ جس کے پاس وقت کم ہو وہ مختصر تعارف پڑھ کر بھی انٹرویو دینے والوں کے دروبست کو سمجھ سکتا ہے، اس لیے میری نظر میں کتاب وقیع اور اس لائق ہے کہ ادب سے تعلق رہنے والوں کے گھروں میں محفوظ رہے تاکہ آئندہ نسلیں بھی اس کا مطالعہ کر کے ادب کی راہ پر گامزن ہو سکیں، حقیقی ادب میں ان میں آئے فنی ادب تک بھی ان کی رسائی ہو سکے گی۔

سیفی سرونجی (مدیر سہ ماہی "انتساب" عالمی)انور آفاقی کی کتاب "دوبدو" کے حوالے سے لکھتے ہیں کہ انور آفاقی محقق اور نقاد کی حیثیت سے اپنا ایک الگ منفرد مقام

رکھتے ہیں۔ یوں تو ان کی بہت سی کتابیں شائع ہو چکی ہیں۔ یعنی "دو بدو" ایک الگ نوعیت کی کتاب ہے۔ حالانکہ انٹرویو پر مشتمل کتابیں منظر عام پر آچکی ہے۔ حال ہی میں غلام نبی کمار کی کتاب مشاہر ادب سے مکالمہ شائع ہوئی ہے جو کافی پسند کی جارہی ہے۔ انٹرویو سے متعلق جب بھی کتابیں آتی ہیں ان سے معلومات میں اضافہ ہوتا ہے بلکہ ایسے نئے پہلو سامنے آتے ہیں جن سے ہم واقف نہیں ہوتے۔ انور آفاقی کی یہ کتاب صرف نو ادبی شخصیات پر مشتمل ہے۔

انور آفاقی کی عمدہ کتاب "میزان فکر و فن" ہے۔ اس کتاب پر کئی ناقدین ادب نے اپنے تاثرات کا اظہار کیا ہے۔ اس کتاب پر اپنے تاثرات پیش کرتے ہوئے ڈاکٹر شہنواز عالم (اسسٹنٹ پروفیسر، ملت کالج) لکھتے ہیں کہ "میزان فکر و فن" میں باریک بینی سے ممتاز شاعروں، افسانہ نگاروں، ناقدوں اور صحافیوں کی خدمات پر ایک تحقیقی رویے کے ساتھ اظہار خیال کیا ہے وہ بے مثال ہے۔ میں پورے یقین اور اعتماد کے ساتھ کہہ سکتا ہوں کہ بہار بالخصوص متھلانچل کی ادبی سرگرمیوں نیز شعرا اور ادبا کی ادبی خدمات کی تاریخ مرتب کی جائے گی تو اس وقت میزان فکر و فن ایک قابل اعتماد مشعل راہ ثابت ہوگی۔ کیونکہ اس کتاب میں جو مضامین ہیں اور تبصرے شامل ہیں وہ تحقیق و شواہد کی میزان پر پرکھے گئے ہیں۔

سید محمود احمد کریمی ایک معروف مترجم اور ادیب ہیں۔ تقریباً نوّے سال کی عمر کے باوجود وہ ادبی کاموں میں منہمک ہیں۔ انور آفاقی کی کتاب "میزان فکر و فن" پر روشنی ڈالتے ہوئے لکھتے ہیں:

"ان کی کتاب "میزان فکر و فن" ایک ادبی تحفہ ہے جو انہوں نے قارئین کرام کی خدمت میں پیش کیا ہے۔ اس کتاب میں چیدہ چیدہ ادیبوں، افسانہ نگاروں اور شاعران

عالی مقام کے فکر و فن کا بہتر عنوان سے جائزہ لیا گیا ہے اور محققانہ انداز سے احاطہ کیا گیا ہے۔ مثال کے طور پر علامہ اقبال کی تاریخ پیدائش، ان کی مجموعی شخصیت اور ان کے کارناموں پر جو تبصرہ تحقیقی مضمون انور آفاقی نے رقم کیا ہے وہ قابل ستائش ہے۔ مقامی شعراء، ادیبوں اور افسانہ نگاروں میں انور آفاقی نے پروفیسر طرزی، ڈاکٹر احسان عالم، ڈاکٹر منصور خوشتر، ڈاکٹر مجیر احمد آزاد، اظہر نیر اور قیام نیر صاحبان کے فکر و فن پر بہتر عنوان سے روشنی ڈالی ہے۔"(ص:۲۲۷)

کتاب کے آخری حصے میں چند شاعر کے منظوم تاثرات شامل ہیں۔ منظوم تاثرات کے باب میں عالمی شہرت یافتہ شاعر پروفیسر عبد المنان طرزی انور آفاقی کے حوالے سے لکھتے ہیں:

متاعِ علم و دانش، آگہی، ہیں انور آفاقی
بہارِ باغِ اُردو شاعری ہیں انور آفاقی
جو بلیلا تا بہ در بھنگہ وہاں سے تا ابو ظہبی
سراپا فن کا حسنِ معنوی ہیں انور آفاقی
دکھاتے ہیں تماشا فکر و فن کا آپ کچھ ایسا
غزل کو بخش دے جو مہ وَشی ہیں انور آفاقی

نذیر فتح پوری اپنے منظوم پیرائے میں کہتے ہیں:

آفاقیت ہے آپ کے فنی شعور میں
لفظ و بیاں پہ آپ کو حاصل ہے دسترس
مغرور واہ واہی پہ ہوتے نہیں کبھی
تعبیر ڈھونڈتے ہیں یہ دیرینہ خواب کی

رفیق انجم (مرحوم) لکھتے ہیں:

بزم میں تشریف فرما انور آفاقی بھی ہیں
شہر در بھنگہ کے جو اک در لاثانی بھی ہیں
چومتی ہے اب قدم ان کے دبئی کی سرزمیں
شاعر رنگیں نوا ہیں فخر دانائی بھی ہیں

المختصر یہ کہ ڈاکٹر عفاف امام نوری کی مرتب کردہ کتاب "انور آفاقی: آئینہ در آئینہ" انور آفاقی کی شخصیت اور ان کی تخلیقات سے قارئین اور ناقدین ادب کو روبرو کراتی ہے۔ کتاب کی اشاعت کے لئے مرتبہ عفاف امام نوری اور انور آفاقی کو بہت بہت مبارکباد پیش کرتا ہوں۔ اپنے تین اشعار کے ساتھ اس مضمون کا اختتام کرتا ہوں:

اُن کے فن کو خوشبو نے لمسوں کی بخشا ہے کمال
اس لئے تو اہلِ فن کرتے ہیں ان کا احترام
اطلسی و ریشمی جیسے ردا محبوب کی
ہر غزل رنگیں قبائے یار جیسی لاکلام
پاس ہے اُن کو روایت کا سخن میں کچھ اگر
تو وہیں فن میں ہے عصری حسّیت کا التزام

(احسان عالم)

* * *

"بہار میں اردو مرثیہ نگاری کا ارتقا" پر چند تاثرات

ہما احمد

پیشِ نظر تصنیف "بہار میں اردو مرثیہ نگاری کا ارتقا" اردو کے ابھرتے ادیب ڈاکٹر محمد ارمان کی تصنیف ہے۔ گذشتہ دو تین برسوں میں اردو ادب کے حوالے سے شہر عظیم آباد کے ادبی منظرنامے پر جو نام نہایت تیزی سے ابھرا ہے وہ نام ہے ڈاکٹر محمد ارمان کا۔ شہر عظیم آباد کے لئے ڈاکٹر محمد ارمان کا چہرہ نیا ہو سکتا ہے لیکن میں انہیں ایک دہائی قبل سے جانتی ہوں اور پہچانتی ہوں جب ان کا داخلہ شعبہ ایم۔بی۔اے، گیا کالج ،گیا میں ہوا تھا۔ انھوں نے ایم۔بی۔اے (ماسٹر آف بزنس ایڈمنسٹریشن) کی سند سے فراغت پا کر گیا کالج ، مگدھ یونیورسیٹی بودھ گیا سے اردو میں ایم۔اے امتیازی نمبرات سے کامیابی حاصل کی اور سال ۲۰۱۶ء میں پی ایچ۔ڈی مگدھ یونیورسیٹی ، بودھ گیا سے کی۔ ابھی فی الحال " ہمدرد" لیباروٹریز دہلی کی کمپنی میں بحیثیت Area Sales Manager ہیں۔ صحافت، ادب اور ملازمت کا کام ایک ساتھ انجام دے رہے ہیں۔ کافی مصروفیت کے باعث اپنے ذوق وشوق سے اردو ادب کی خدمت بھی کر رہے ہیں۔ ڈاکٹر محمد ارمان کو حصولِ علم کا ذوق اس قدر ہے کہ ملازمت کرنے کے باوجود اس جانب سے مطمئین ہو کر نہیں بیٹھے بلکہ اپنا تعلیمی و تخلیقی سفر جاری رکھا۔ اردو میں پی ایچ ڈی کرنے کے بعد ان کا ادبی ذوق مزید بالیدہ ہوا اور پروان چڑھا

جس کے نتیجے میں وہ ایک تصنیف "بہار میں اردو مرثیہ نگاری کا ارتقا" مرتب کیے۔ان کی نثری تخلیقات و تبصرے اکثر اخبارات ورسائل کی زینت بن رہی ہیں۔وہ عنقریب اپنے تصنیف پر مختلف حلقۂ ادب کے ادیبوں ، دانشوران اور مشاہیر اردو کے تبصرے کا مجموعہ سے نذر قارئین کرنے والے ہیں۔اب مستقبل یہ طئے کرے گا کہ اردو دنیا میں ڈاکٹر محمد ارمان کی شناخت بحیثیت تبصرہ نگار یا نثر نگار قائم ہو گی۔

زیرِ مطالعہ تصنیف "بہار میں اردو مرثیہ نگاری کا ارتقا" ۲۰۳ر صفحات پر مشتمل ہے جو ضخیم نہیں ہے ، قیمت معقول ہے۔اس کتاب کی اشاعت مینار پبلی کیشن ، خزانچی روڈ، پٹنہ نے کی ہے۔یہ کتاب صوری و معنوی دونوں اعتبار سے دلکش ہے۔کتابت عمدہ ہے،طباعت صاف ستھرہ اور گٹ اپ جاذب نظر ہے۔کتاب میں فلیپ کی تحریر پروفیسر اسلم آزاد (پٹنہ) اور جناب عطاعابدی کی رقم کردہ ہے۔کتاب کا اعتراف ڈاکٹر جاوید حیات، صدر شعبہ اردو پٹنہ یونیورسیٹی ، پٹنہ کا ہے جبکہ کتاب کا استقبالیہ پروفیسر علیم اللہ حالیؔ (پٹنہ) کا تحریر کردہ ہے۔علیم اللہ حالیؔنے اس تصنیف کے تعلق سے اپنی دوٹوک رائے ان الفاظ میں دی ہے:

"مصنف نے ابتدائیہ کے بعد اپنے تحقیقی مقالے کو پانچ ابواب میں منقسم کیا ہے۔ابتدائیہ میں انھوں نے موضوع کے انتخاب کی توجیہ پیش کی ہے اور بعد کے ابواب میں عام نصابی تحقیقی خاکے کی طرح مرثیے کی تعریف و صنفی توضیح،اس کے ادبی مقام،اس کی قیمت وانفرادیت کا تفصیلی جائزہ پیش کیا ہے۔ ایک اچھے محقّق کی طرح انھوں نے مرثیہ نگاری کی ابتدائی کاوشوں کا سلسلہ شعرائے دکن کی مرثیہ نگاری سے شروع کیا ہے۔اس کے بعد دہلی اور لکھنؤ کے مرثیہ نگاروں سے بحث کی ہے۔چونکہ محقق کے مطالعے کا تعلق خاص صوبہ جاتی تجزیہ و تحقیق سے ہے اور انھوں نے اس کے لئے

بہار کے مرثیہ نگاروں کو مخصوص کیا ہے، اس لئے انھوں نے نہایت محنت اور کامیابی کے ساتھ یہاں کے مرثیہ نگاروں کا تجزیاتی مطالعہ پیش کیا ہے۔ تنقیدی مطالعے میں انھوں نے اس خطہ کے معاشرتی اور لسانی امتیاز کا جائزہ بھی لیا ہے۔ بہار میں مرثیہ نگاری کے آغاز اور ارتقا کی جو تفصیل انھوں نے پیش کی ہے وہ قابل ستائش ہے۔ اس کے علاوہ انھوں نے اس بات کی کوشش بھی کی ہے کہ تجزیاتی مطالعے کے درمیان بہار کے تمام اہم مرثیہ نگاروں کو سمیٹ لیا جائے۔ ڈاکٹر محمد ارمان کی یہ کاوش قابلِ قدر ہے۔ تنقیدی جائزے میں اظہار و بیان کی مہارت ان کے صاحبِ صلاحیت ہونے کی دلیل ہے۔"

کتاب میں پروفیسر علیم اللہ حالیؔ کی تحریر کے بعد ڈاکٹر جاوید حیات (پٹنہ) نے مذکورہ تصنیف کے تعلق سے متعارف کرانے کی کوشش ان الفاظ میں کی ہے:

"صوبہ بہار ہمیشہ سے فکر وفن کا منبع رہا ہے۔ یہاں ہر دور میں تمام شعبۂ حیات زندگی میں باکمال رہے ہیں اور اپنے فن میں بزرگی کے نشانات چھوڑ گئے ہیں۔ مرثیہ نگاری میں بھی بہار کو ایک اہم مقام حاصل ہے۔ صوبہ بہار میں مرثیہ نگاری کی تاریخ مستحکم اور ارتقا پذیر رہی ہے۔ ہر دور میں یہاں کے شعراء نے اپنی صلاحیتوں کا مظاہرہ کرتے ہوئے کامیاب اور اہم مرثیے قلمبند کیے ہیں نیز عہد بہ عہد مختلف مرثیہ نگاروں اور ان کے کلام سے واقف کراتے ہوئے مصنف نے شادؔ اور جمیل مظہریؔ سے ہوتے ہوئے نقی احمد ارشاد تک بہار میں اردو مرثیہ نگاری کا ایک پورا منظر سامنے لایا ہے۔"

کتاب میں ڈاکٹر جاوید حیات کی تحریر کے بعد خود مصنف نے اپنی کتاب کے ابتدائیہ میں مقالے کی تشکیل و مواد کی فراہمی اور مختلف لائبریریوں سے استفادہ کرنے میں اپنے استاد پروفیسر سراج الدین سابق صدر شعبہ گیا کالج، گیا کی رہنمائی اور حوصلہ افزائی کے لئے شکریہ ادا کیا ہے۔

اپنے والد کا ذکر کرتے ہوئے ان کی شفقت و محبت کو مؤثر انداز میں پیش کیا ہے پھر مصنف نے اپنی حوصلہ افزائی کے لیے جن حضرات کا شکریہ ادا کیا ان میں پروفیسر محمد منصور عالم، پروفیسر فصیح الزماں (مرحوم)، پروفیسر حسین الحق، پروفیسر سلمان بلخی، پروفیسر محفوظ الحسن، ڈاکٹر شاہد رضوی، پروفیسر انور پاشا، صدر شعبہ اردو، جواہر لال نہرو یونیورسٹی، دہلی، محمد اشتیاق سابق وائس چانسلر مگدھ یونیورسیٹی بودھ گیا، پروفیسر علیم اللہ حالیؔ، خورشید اکبر، پرویز عالم، حبیب اللہ نظامی، عبید احمد، مصطفی کمال، جمیل اختر وغیرہم کے نام شامل ہیں۔ موصوف نے بالخصوص اپنے تمام بزرگوں ،دوستوں اور عزیزوں کے ساتھ اپنے والدین محمد سلّم ابن محمد عیسیٰ مرحوم، نسیمہ خاتون، اہلیہ ہما احمد، بھائی تمنا عالم، ارشد نعمانی اور چچا محمد شہریار مرتضیٰ، جناب شمیم احمد استھانوی، فیض احمد، صیف احمد، کیف احمد، یونس امان اور محمد ارشاد وغیرہم کا شکریہ ادا کرنے میں اپنی دریا دلی اور وسیع القلبی کا مظاہرہ کیا ہے۔ ان تمام اپنے محسنین کے تعاون کا جس انداز میں ذکر کیا ہے وہ قابل توجہ ہے۔

آج کے سائنس و ٹکنولوجی کے دور میں مختلف اصنافِ ادب جیسے داستان، ناول، ڈرامہ، ناولٹ اور افسانچہ وغیرہ پر طبع آزمائی کرنے کے بجائے نیم مردہ صنف مرثیہ پر طبع آزمائی کرنا اور ایک کتابی شکل دینے کا سنجیدہ حوصلہ رکھنا ایک مستحسن قدم ہے۔ ڈاکٹر محمد ارمان کے تصنیف و تالیف سے اس حقیقت سے انکار نہیں کیا جاسکتا ہے کہ انھوں نے بہار میں اردو مرثیہ نگاری کے ارتقا سے واقف کرانے کی حتی المقدور کوشش کی ہے۔

ریاست بہار میں شعراء نے مختلف اصنافِ سخن کی مرثیہ کی آبیاری بھی زمانہ قدیم سے کی ہے۔ مصنف نے بہار کے تمام مرثیہ نگاروں کا ایک مربوط تجزیہ پیش کیا ہے

اوراس بات کی نشاندہی کی ہے کہ لکھنؤ کی طرح یہاں کوئی انیسؔ و دبیرؔ پیدا نہیں ہوئے لیکن بہار کے جن لوگوں نے اس صنف کو اپنے فن سے بے پناہ تقویت پہنچائی اوراردو مرثیہ کے معیار اور وقار کو بلند کیاان میں شاہ آیت اللہ نورالحق طپاں، ظہورالحق ظہور، شاہ امام علی ترقی، غلام مخدوم ثروت، غلام علی راسخ، شاہ ابوالحسن فرد، غلام عظیم آبادی، سید علی اکبر کاظم عظیم آبادی، جمیل مظہری، ڈاکٹر نقوی لال وحشی، امین رضوی داناپوری، ہوش عظیم آبادی، دانش عظیم آبادی، کاظم حسین زار عظیم آبادی، مرتضیٰ اطہر رضوی، شہزاد معصومی، نقی احمد ارشاد، سید صابر حسین صابر آروی، فردوسی عظیم آبادی، گوہر شیخ پوری، شاہ متین الحق عمادی اور شاد عظیم آبادی وغیر ہم کے نام قابل ذکر ہیں جنھوں نے مرثیہ کے قالب میں نئی روح پھونکی، نیاانداز وبیاں کے پیکر کو نکھارااوراسے اپنے انداز میں سنوارا۔ بہار کے مرثیہ نگاروں کے اشعار ملاحظہ فرمائیں۔

زخمی برنگ گل ہیں شہیدانِ کربلا
گلزار کی حظ ہے بیابان کربلا
کھائے چلاہے زخم ستم ظالموں کے ساتھ
ہے سر بریدہ شمع شبستان کربلا
(مصطفی خاں یک رنگؔ)

مرنے سے خوف جہل ہے اے بنت مرتضیٰ
خاصان حق کو ایسی جہالت نہیں روا
خالق ہے جب کہ موت کا سب کی وہی خدا
انسان کو تب خدا کی مشیت کو دخل کیا
(شاد عظیم آبادی)

چلا خنجر کٹا جس دم گلا شبیر سرور کا
زمیں لرزی فلک کانپ اٹھا تب شور محشر کا
عزیز و قصہ اندوہ طومار جفا کوئی
لکھے کیا غم سے ہوتا ہے گریباں دفتر کا
(مولوی غلام محزوںؔ)

ضبط نالہ کریں تو سینہ پھٹا جاتا ہے
نہ کریں گریہ تو دل غم سے جلا جاتا ہے
ناتوانی سے بدن اپنا گرا جاتا ہے
صبر کا تاب و تواں دل سے اٹھا جاتا ہے
(شاہ ابوالحسن فردؔ)

یا حسین ابن علی یا سید عالی جناب
اسماں مجھ کو کہا جائے ہے اب ذلت کا باب
دربدر کب تک پھروں یوں آہ با حال خراب
منت نااہل سے ہے دل کو رنج بے حساب
(راسخ عظیم آبادیؔ)

آخری باب محاکمہ ہے جہاں پوری کتاب کا لب ولباب پیش کیا گیا ہے۔ محاکمہ میں اختصار کو پسند کیا جاتا ہے۔ مصنف نے ان حدود کو برقرار رکھنے کی کوشش کی ہے۔ لہٰذا زیر نظر ڈاکٹر محمد ارمان کی تصنیف کردہ کتاب "بہار میں اردو مرثیہ نگاری کا ارتقا" ایک معلوماتی کتاب ہے جسے مطالعہ کرنے کے بعد نہ صرف بہار بلکہ ہندوستان کے باذوق لوگ نیز طلباء و طالبات اور دانشور حضرات مستفیض ہونگے۔

اس کتاب کی خوبی یہ ہے کہ ادھر رواں سال بہار کے درس گاہوں سے اردو سے منسلک پی ایچ ڈی کے امتحانات میں پوچھے گئے سوالات میں ایک سوال "بہار کے مرثیہ نگاری" پر مبنی تھا۔ ارمان صاحب کا یہ کام نایاب نہیں تو کمیاب ضرور ہے۔

بہر حال میں ڈاکٹر محمد ارمان کو نہایت خوبصورت اور بامقصد کتاب کی پیش کش کے لئے تہہ دل سے مبارک باد پیش کرتے ہوئے اس بات کی بشارت دیتی ہوں کہ حلقہ ادب میں اس مجموعے کو غیر معمولی پذیرائی حاصل ہو گی۔ خدا کرے ان کی تحقیقی کاوش اس کتاب تک ہی محدود نہ رہے بلکہ ان کہ زور قلم میں اور پر آرزش اضافہ ہو تا کہ ہم سب ان کی مختلف النوع تحریروں سے فائدہ حاصل کرتے رہیں۔ آمین

دل کا رہ جائے ورق یوں ہی نہ سادہ سادہ
اے زلیخا تو اسے یوسفِ ثانی لکھ لے

اس عمدہ تصنیف کے مطالعہ کے خواہش مند حضرات بک امپوریم سبزی باغ، پرویز بک ہاؤس و علمی مجلس، کیمپس گورنمنٹ اردو لائبریری پٹنہ۔۴ نیز ظفر بک ڈپو، چھتہ مسجد گیا سے صرف ۳۰۰/روپیے میں اسے حاصل کر سکتے ہیں۔

＊＊＊

کتاب فلمی انٹرویو-ایک مختصر جائزہ

منظور پروانہ

نام کتاب: فلمی انٹرویو

نام مصنف: محمد خالد عابدی

ضخامت: ۱۵۶/ صفحات

قیمت: ۲۰۰/ روپے

ملنے کے پتے: مکتبۂ عابدیہ، ۵۴۵،

دل آرام ہاؤس، ہوا محل روڈ بھوپال۔ ۴۶۲۰۰۱

زیر تبصرہ کتاب کے نام "فلمی انٹرویو" سے یہ بات عیاں ہوتی ہے کہ اس کتاب میں اردو کے جن قلم کاروں، شاعروں وغیرہ کے انٹرویو شامل ہیں ان سب کا تعلق فلمی دنیا سے رہا ہے۔ ۲۱ عدد انٹرویو پر مشتمل اس کتاب کے مصنف محمد خالد عابدی کو ابتدائی عمر سے ہی انٹرویو نگاری کا شوق رہا ہے۔ اپنے اس شوق کے سلسلے میں وہ "اپنی بات" کے عنوان سے تحریر اپنے مضمون میں اس طرح رقم طراز ہوتے ہیں کہ "مجھے ابتداء سے ہی انٹرویو نگاری کا شوق رہا ہے۔ ۱۹۷۶ء کا زمانہ تھا۔ میں ان دنوں فلمی مضامین ہی لکھتا تھا اور وہ فلمی مضامین ہفت روزہ کہکشاں بمبئی، پندرہ روزہ سب رنگ حیدر آباد، سنے ایڈوانس بنگلور، روزنامہ تیج دہلی، روزنامہ پرتات دہلی، اور فلم ویکلی کلکتہ میں شائع ہوا کرتے تھے۔

جس میں کسی فلمی شخصیت سے ملنے کا اتفاق ہوتا تو مختصر سے مختصر انٹرویو کے بغیر نہیں رہتا تھا اور جہاں وقت کی گنجائش ہوتی تو پھر انٹرویو طوالت بھی اختیار کر جاتا۔"

زیر تبصرہ کتاب میں شامل انٹرویوز کے سلسلے میں وہ تحریر کرتے ہیں کہ "اردو انٹرویوز" اور "اردو مراسلاتی انٹرویوز" کتابوں سے میں نے ۱۵ر مراسلاتی انٹرویوز اور چھ غیر مطبوعہ مراسلاتی انٹرویوز شامل کرکے "فلمی انٹرویوز" کتاب تیار کی ہے۔ یہ سال فلموں کے سو برس کا بھی ہے۔ اس موقع پر میری جانب سے یہ ایک تحفہ ہے۔"

انٹرویو کی اہمیت کیا ہے۔؟ اکثر یہ سوال لوگوں کے ذہن میں اٹھتا ہے۔ حقیقت یہ ہے کہ انٹرویو ایک ایسا ذریعہ ہے جس کے ذریعہ ہم اس شخص کے نظریات و خیالات کو منظر عام پر لا سکتے ہیں جسکا انٹرویو کیا جا رہا ہے۔ اب ایک سوال اور ابھر کر سامنے آتا ہے کہ مراسلاتی انٹریوز زیادہ کارگر ہیں یا بالمشافہ گفتگو۔ میری رائے میں آمنے سامنے بیٹھ کر جو انٹرویو کئے جاتے ہیں وہ زیادہ بہتر ہیں کیونکہ اکثر سوال کے جواب میں نیا سوال سامنے آجاتا ہے تو انٹرویو کرنے والا اس موضوع پر بھی سوال کر لیتا ہے جس سے بات کی وضاحت ہو جاتی ہے جبکہ مراسلاتی انٹرویو میں یہ ممکن نہیں ہوتا۔ اس لئے کبھی کبھی کچھ گوشے تشنہ رہ جاتے ہیں۔

زیر تبصرہ "فلمی انٹرویو" نامی کتاب کے مطالعہ کے یہ بات کہنے میں مجھے کوئی عار نہیں کہ محمد خالد عابدی نے سوال نامے اس طرح تیار کئے ہیں کہ جس سے مراسلاتی انٹریو لیا جا رہا ہے۔ اس کے سوانحی کوائف، ادبی رجحانات، ادبی کارنامے، کس کس میدان میں کیا خدمات انجام دی ہیں اور اردو کے سلسلے میں ان کے کیا خیالات ہیں ساتھ ہی اردو کے مستقبل کے سلسلے میں ان کے کیا خیالات ہیں، کا احاطہ ہو سکے۔

تمام انٹرویوز جس شخصیات سے کئے گئے ہیں ان میں ایک بات نمایاں طور پر سامنے

آتی ہے وہ ہے محمد خالد عابدی کی اردو سے محبت کیونکہ تمام لوگوں سے اردو کے تعلق سے سوال ضرور کیئے گئے ہیں۔

انٹرویو کے سوالات وجوابات کے چند نمونے ملاحظہ ہوں۔ احمد وصی سے گیت کے حوالے سے پوچھے گئے سوال اور اس پر ان کا جواب اس طرح ہے۔

محمو خالہ: گیت اور فلمی گیت میں کیا بنیادی فرق ہوتا ہے۔؟

احمد وصی: گیت جیسا کہ ظاہر ہے ایک صنف شاعری ہے جسے لکھنے کے لئے شاعر بہت دور تک آزاد ہوتا ہے کیونکہ اپنے لئے اپنے حساب سے لکھتا ہے۔ مگر فلمی گیت ، کہانی، کردار، سچویشن، موسیقی، طرز اور گانے کی مدت کے ساتھ تجارتی تقاضوں کو مدِ نظر رکھ کر لکھا جاتا ہے۔ بلکہ اب تو تجارت پر ہی زور دیا جاتا ہے۔

اختر الایمان سے پوچھے گئے سوال پر ان کا معلوماتی جواب ملاحظہ ہو۔

خالد: آپ کی ایک نظم "میر انام" بھی تو آپ کے نام کے تعلق سے ہے اس کی وجہ تخلیق کیا ہے۔؟

اختر الایمان: "میر انام" مولانا ابو الکلام آزاد سے متعلق ہے تفصیل اس واقعہ کی مجھے بھی معلوم نہیں۔ آل احمد سرور صاحب نے جتنی بتائی وہ یہ ہے کہ مولانا کی نگرانی میں جدید شاعری کی ایک اینتھولوجی چھپ رہی تھی۔ بورڈ میں سرور صاحب، قادری زور اور احتشام حسین وغیرہ تھے۔ جب میر انام اس جلد میں شمولیت کے لئے تجویز کیا گیا تو مولانا نے کہا جس شاعر کا نام غلط ہے وہ اچھا شاعر کیسے ہو سکتا ہے؟ شاید آپ کے ذہن میں یہ بات ہو کہ مولانا عربی کے عالم تھے اختر الایمان کی جگہ نجم الایمان ہونا چاہئے تھا۔ اس لئے کہ "ال" عربی اور فارسی ناموں کو جوڑنے کے لئے استعمال نہیں ہوتا۔ سب نے بہت سمجھایا کہ صاحب یہ تو نام ہے جو اختر الایمان غریب نے خود نہیں رکھا ہے۔ یہ قلمی

نہیں اس کا اصلی نام ہے مگر مولانا اڑ گئے اور نتیجہ یہ ہوا کہ وہ اینتھولوجی نہیں چھپی۔ میں نے یہ نظم کہی اور مولانا کو بھجوانے ہی والا تھا کہ ان کا انتقال ہو گیا۔ میں نے بھی یہ نظم ان کے نام معنون نہیں کی۔

اردو کے رسم الخط کے حوالے سے جاں نثار اختر سے کیئے گئے سوال اور اس کا جواب ملاحظہ ہو۔

خالد: کیا دیوناگری لیپی میں اردو کا تحفظ ممکن ہے۔؟

اختر: کسی بھی زبان کا رسم الخط اس زبان سے وہی رشتہ رکھتا ہے جو جسم کا روح سے ہوتا ہے اگر اردو سے اس کا رسم الخط چھین لیا جائے تو اردو باقی نہیں رہے گی۔

ساگر سرحدی کے اردو اور اردو ڈرامے کے سلسلے میں خیالات ملاحظہ ہوں۔

محمد خالد عابدی: بنگالی، مرہٹی اور ہندی ڈرامے کے سامنے اردو ڈرامے کی کیا حیثیت و اہمیت ہے۔؟

ساگر سرحدی: وہی جو ایک جوان کے سامنے بچے کی ہوتی ہے۔

محمد خالد عابدی: اردو زبان کے بغیر قلم کی مقبولیت مشکوک ہے کیا یہ دعویٰ درست ہے۔؟

ساگر سرحدی: فلموں کے لئے "اردو" کا لفظ استعمال کرنا درست نہیں۔

شاگرد کی اصلاح کے سلسلے میں صفدر آہ کے خیالات ملاحظہ ہوں۔

محمد خالد عابدی: آپ کے نزدیک "اصلاح" کا صحیح طریقہ کیا ہے۔؟

صفدر آہ: خود شاگرد کے رنگ میں اصلاح دو۔ رنگ کا مطلب بیان اور خیال دونوں سے ہے۔

بہر حال یہ تو چند نمونے تھے جو میں نے بغیر کسی خاص کوشش کے پیش کر دئے ہیں

لیکن اس کتاب کے سلسلے میں یہ کہا جا سکتا ہے کہ اس کتاب کے مطالعہ سے بہت سے ایسے سوالوں کے جواب قاری کو مل سکتے ہیں جو دوسری ادبی کتب میں ملنا ممکن نہیں۔ امید ہے کہ یہ کتاب عوامی حلقوں کے ساتھ ادبی حلقوں میں بھی اپنے نقش چھوڑنے میں کامیاب ہوگی۔

✳ ✳ ✳

اشکِ ندامت: حمدیہ شعری مجموعہ - ایک جائزہ

منظور پروانہ

نام کتاب: اشکِ ندامت

(حمدیہ شعری مجموعہ)

نام شاعر: مرزا شارق لاہرپوری

زیر تبصرہ کتاب کے تخلیق کار مرزا شارق لاہرپوری کا مزاج فطری طور پر مذہبی ہے۔ اور جب مزاج مذہبی ہو تو خوش اخلاقی اس کی فطرت ہو جاتی ہے۔ کیونکہ مذہب کا اخلاق سے بہت گہرا تعلق ہوتا ہے۔ اسلامی فکر اور دینی مزاج کے حامل ہونے کی وجہ سے مرزا شارق لاہرپوری خوش اخلاق ہونے کے ساتھ ساتھ شریعت کی پابندی کی حتیٰ المقدور کوشش کرتے ہیں۔ اسی کے ساتھ طریقت اور معرفت سے بھی آگاہی رکھتے ہیں۔ سب سے بڑی خوبی یہ ہے کہ وہ مثبت اور اعلیٰ روایت کے امین ہیں اور فرسودہ روایت سے بیزار۔ ان کا ماننا ہے کہ:

حقیقت معرفت کے واسطے بزم شریعت ہے
یہی طرز عبادت ہے یہی حسن عبادت ہے

مرزا شارق لاہرپوری کی شاعری میں بھی پوری طرح مذہبی فکر کا مظاہرہ ملتا ہے۔ ان کی اسی مذہبی فکر کا ہی یہ کمال تھا کہ سب سے پہلے ان کا جو شعری مجموعہ منظر عام پر آیا

وہ تھا "بہر سعادت" جو نعتیہ مجموعہ تھا اس کے بعد "حصار فکر" کے نام سے دیوان غزلیات منظر عام پر آیا۔ تیسرے مجموعہ کا نام تھا "ردائے عاقبت" یہ بھی نعتیہ مجموعہ تھا۔ اس کے بعد "رقص قلم" کے نام سے چوتھا مجموعہ منظر عام پر آیا جو مجموعۂ غزلیات تھا۔ زیر تبصرہ مجموعہ "اشک ندامت" حمدیہ شعری مجموعہ ہے اس طرح کل پانچ مجموعوں میں صرف دو مجموعے بہاریہ شاعری کے ہیں اور تین مجموعے مذہبی شاعری کے۔

زیر تبصرہ حمدیہ شعری مجموعے "اشک ندامت" کے بغور مطالعہ کے بعد یہ بات وثوق سے کہی جاسکتی ہے کہ شارق لاہرپوری نے روایتی حب خدا کے تخلیات کے سہارے اپنی حمدیہ شاعری کو فکری بالیدگی سے ہم آغوش نہیں کیا ہے بلکہ ان کی حمدیہ شاعری میں شعر در شعر، حمد در حمد حقیقی حب خدا کی روشنی نظر آتی ہے۔ اس کا سبب یہ ہے کہ حمد کا فن جس عمیق ریاضت کا متقاضی ہے۔ مرزا شارق لاہرپوری نے ان روحانی اور جسمانی ریاضتوں کے ساتھ ساتھ قرآن، حدیث اور اسلامی تعلیمات سے بھی گہرا شوق وشغف رکھا ہے۔ اور اسی کے ساتھ فن شاعری پر بھی ان کو دسترس حاصل ہے۔

حمد کا تعلق خدائے بزرگ وبرتر کی ذات سے ہے جو سراپا فیوض وبرکات سے مرزا شارق لاہرپوری اپنی شاعری کو وحدہ' لاشریک کا عطیہ مانتے ہیں۔ اس لئے ان کو اپنی مذہبی شاعری کا مشغلہ محبوب ہے وہ کہتے ہیں کہ:

یہ شعر وشاعری کا مشغلہ بھی
تری خاطر ہے تو اچھا بھلا ہے

---*---

توفیق حمد تیرے کرم کی مثال ہے
ورنہ مرا شعور کہاں خوش خصال ہے

---*---

ثناو حمد کی توفیق پا کر
مزہ لینے لگا میں شاعری کا

---*---

حمد کی خوشبو کے سحر آور حسین احساس میں
شاعری لینے لگی ہے پھر مری انگڑائیاں

حمد یہ شاعری کا میدان اس قدر وسیع ہے کہ شاعر اپنے طائر فکر کو اس میدان میں جس قدر بھی تیز رفتاری سے سفر کرائے وہ سفر ادھورا ہی رہے گا۔ چونکہ وحدہ' لاشریک کے بنی نوعِ انسان پر اس قدر الطاف و اکرام ہیں کہ شمار نہیں کئے جاسکتے اس لئے ایک عبد حقیقی کی تمنا یہی ہوتی ہے کہ دل میں معبود حقیقی کی الفت کا چراغ ہمیشہ روشن رہے۔ اس لئے وہ ہر رنگ، ہر حال اور ہر عالم میں اس کی اطاعت فرض سمجھتا ہے۔ شارق لاہر پوری کی شاعری میں یہ جذبہ بدرجہ اتم ملتا ہے جس کا احساس ہمیں ان کی شاعری کے مطالعہ سے ہوتا ہے۔ چند شعر ملاحظہ ہوں:

قرآں سے نکلتی ہے جو روشنی تری
اس سے نمایاں ہوتی ہے جلوہ گری تری

---*---

توہی ابتداء توہی انتہا تری شان جل جلالہ'
توہی ہر کسی کا مقتدا تری شان جل جلالہ'

---*---

سب حمد برائے شان خدا سبحان اللہ سبحان اللہ

ہے فخر و کبر اسی پر زیبا سبحان اللہ سبحان اللہ

---*---

تو ہی ستار ہے غفار ہے مالک سب کا

تجھ سے جا رہی ہے سبھی رزق سمائی یارب

وہی الواحد والماجد والواجد و قیوم

یہاں اس کی حکومت ہے وہاں اس کی حکومت ہے

تو ہی رحمان ہے ربّ علا ہے

تو ہی ہے طیب بے شک پارسا ہے

تو ہی تو ہے مرا خالق بھی میرا رازق بھی

ہے کوئی اور کہاں میرا خیر خواہوں میں

شیطان سے پناہ تو انساں کو دیتا ہے

ورنہ بچاؤ کرنے کا کس کو سلیقہ ہے

ہر شے ہے صبر و شکر و قناعت کے روپ میں

کیسا حسین مجمعِ حا میم دال ہے

زیر تبصرہ شعری مجموعے میں چند رباعیات بھی شامل ہیں ان میں یہی رنگ نمایاں طور پر نظر آتا ہے۔ ایک رباعی پیش ہے:

یارب ترا احسان ہے شاداں ہوں میں

اس دور میں بھی صاحبِ ایماں ہوں میں

پھر شکر ادا کیوں نہ کروں میں تیرا

یک بندۂ خوش بخت مسلماں ہوں میں

مندرجہ بالا اشعار سے یہ بات ظاہر ہوتی ہے کہ شارق لاہر پوری کی حمدیہ شاعری قرآنی تعلیمات سے ماخوذ ہے۔ ان میں کہیں عقیدت کا رنگ ہے تو کہیں محبت کا طرز۔

زیر تبصرہ حمدیہ شعری مجموعے "اشک ندامت" کے مطالعہ کے بعد ایک پہلو یہ بھی سامنے آیا کہ شارق لاہر پوری نے اپنی حمد و مناجات میں وحدہ' لاشریک سے اپنے تعلق کے ساتھ ساتھ محبوب خدا کے ذکر کے ساتھ ہی ان برگزیدہ اصحاب و نفوس کا بھی ذکر کیا ہے جو اس کائنات کے لئے مثال ہیں۔ مثال کے طور پر شعر ملاحظہ ہوں:

ترے حبیبؐ پاک کی آمد کا معجزہ
ہر زخم خوردہ دل کا حسیں اندمال ہے
ترے نبیؐ کی ذات مقدس پاک باز ہے
جو بھی صحابیؓ آپؐ کا ہے خوش خصال ہے
وہ اسماعیل کا ایڑی رگڑنا
کہ جس سے زمزمی چشمہ بہا ہے
ترے کرم سے براہیم سرخرو بھی رہے
ہوئی ہے آتشِ نمرود گلستاں یارب
جو راہ حق پہ نہیں کرتے جان کی پروا
اماں وہ پاتے ہیں پھر ثور جیسے غاروں سے
حسینؓ ابن علیؓ کو جو تو نے بخشا تھا
مری طلب میں وہ صبر و رضا ہے یا اللہ
بلالؓ سے کوئی پوچھے تو وہ بتائیں گے
احد احد کی صدا کا مزا مرے مولا

کبھی تو حمزہؓ کی صورت کبھی حسینؓ کی شکل میں
ثنا ہی کرتا رہا ہے مرا لہو تیری

مرزا شارق لاہرپوری ایک طرف مومن صفت انسان ہیں تو دوسری طرف ایک اچھے شہری بھی۔ ایک طرف ان کے دل میں ملت اسلامیہ کا عمیق درد ہے تو دوسری طرف حب الوطنی کا عکس بھی نظر آتا ہے اور اپنے وطن کی دھرتی کے لئے دعا کرتے نظر آتے ہیں چند شعر ملاحظہ ہوں:

دھریت سر اٹھا رہی ہے پھر
اپنا رتبہ دکھا دے یا اللہ
بیت الاوّل کی سن لے پھر سے صدا
اس کی حرمت بچالے یا اللہ
یہودی سازشیں پھر اوج پر ہیں
لہو مومن کا ارزاں ہو رہا ہے
بابری رو رہی ہے یا اللہ
اس کے دشمن کو تو فنا کر دے
مرے بچوں کی تو روزی میں اضافہ کر دے
تری تو فطرت اعلیٰ ہی سخاوت ہے کریم
پارہ پارہ ہے اتحاد اپنا
مسلموں کو تو ایک جاں کر دے
میرے ہندوستاں کی دھرتی کے
ذرے ذرے کو خوشنما کر دے

مرزا شارق لاہرپوری کا یہ مشورہ واقعی قابل تعریف ہے کہ:

اے مغفرت کے طالبو ہو جاؤ سجدہ ریز
معلوم ہو کہ رحمتِ حق لازوال ہے

ایک مومن صادق کی طرح مرزا شارق لاہرپوری کی تمنا ہے کہ درِ مصطفیٰؐ پر موت آئے اس سلسلے میں مرزا شارق لاہرپوری اپنے خواب کی تعبیر کے لئے یوں عرض گذار ہیں کہ:

یارب مجھے بھی موت درِ مصطفیٰؐ پہ آئے
تعبیر کا سوالی مسلسل یہ خواب ہے

لیکن اسی کے ساتھ ان کی بارگاہ رب العزت میں یہ دعا ہے کہ:

روح نکلے مری جس گھڑی جسم سے
مرے لب پر ہو کلمہ ترا یا خدا

نام کی مناسبت سے دیدہ زیب سرِ ورق والے زیر تبصرہ شعری مجموعہ کی کتابت اغلاط سے پاک ہے کاغذ اچھا، طباعت روشن اور قیمت مناسب ہے اس مجموعہ کے سلسلے میں بارگاہِ رب العزت میں دعا گو ہوں کہ "اشک ندامت" کے خالق کو ان کے جذبے کی بہتر جزاء عطا فرمائے اور ان کا یہ شعری حمدیہ مجموعہ عوام و خواص میں قبول عام کی سند حاصل کرے۔ آمین۔

***

پروفیسر شاہ عبد السلام: شخصیت اور علمی نقوش

ڈاکٹر مجاہد الاسلام

فی الوقت میرے پیش نظر ڈاکٹر شاہ محمد فائز کی مرتب کردہ کتاب "پروفیسر شاہ عبد السلام شخصیت اور علمی نقوش" ہے۔ مجھے بڑی خوشی
ہے کہ پروفیسر شاہ عبد السلام مرحوم کو شاہ محمد فائز کی شکل میں ایسا لائق و فائق سپوت ملا جن کو شاہ صاحب کے علمی، ادبی اور تحقیقی کارناموں کو متذکرہ کتاب کی شکل میں پیش کرنے کی سعادت نصیب ہوئی۔ پروفیسر شاہ عبد السلام مرحوم کی شخصیت یا ان کا کارنامہ کچھ ایسا نہیں ہے جس پر اس ناچیز کو خامہ فرسائی کی ضرورت ہو۔ یہاں پر ان کے بارے میں مولانا سعید الرحمٰن اعظمی ندوی کا یہ اقتباس درج کر دینا کافی ہے:

"پروفیسر شاہ عبد السلام فاروقی صاحب کی علمی زندگی اس قدر وسیع اور پھیلی ہوئی ہے کہ ان کو دیکھ کر تاریخ کے اولوالعزم علماء و مصنفین کی یاد تازہ ہو جاتی ہے اور اس یقین میں پختگی پیدا ہو جاتی ہے کہ عزم راسخ کے سامنے پہاڑ اپنی جگہ سے ٹل سکتے ہیں اور سمندر کا پانی خشک ہو سکتا ہے"۔ (کتاب ھذٰا صفحہ ۵۴)

ہم پروفیسر شاہ عبد السلام مرحوم کے علمی ادبی کارناموں کو اس طرح سے تقسیم کر سکتے ہیں۔

شاہ صاحب نے بہ حیثیت مصنف دو کتابیں تصنیف کی ہیں، اس میں ایک " دبستان

آتش" ہے جو اصل میں ان کا پی ایچ ڈی کا مقالہ ہے۔ دوسری کتاب "اسلام کا اتہاس" ہے جو ہندی میں ہے۔ اسی طرح ایک کتاب "کلاسیکل اردو پوئٹری نقش دل پذیر" ہے جس کی تصنیف انہوں نے پروفیسر عبد الرحمٰن بارکر کے ساتھ مل کر کی ہے۔ ۹ کتابیں ایسی ہیں جن میں ان کی حیثیت مترجم، مرتب و مدون کی ہے۔ ایک میں وہ شریک مترجم و مرتب ہیں، اسی طرح دو کتابوں کے وہ صرف مرتب و مدون ہیں، ۶ کتابیں ایسی ہیں جس کے وہ صرف مرتب ہیں۔

اس فہرست سے پتہ چلتا ہے کہ شاہ صاحب کا خاص میدان تحقیق و تدوین یا پھر ترجمہ یا ترتیب ہے۔

تحقیق و تدوین کے بارے میں احسن فاروقی کا خیال ہے:

" تحقیق ایک قسم کی منشی گیری ہے۔ اس کے لئے وہ خصوصیات کافی ہیں جو کسی معمولی ذہن کے انسان میں ہوں۔ اس میں جدت طبع اور قوت اختراع کی ضرورت نہیں ، محض ایک کام سے لگ جانا ہے اور ٹکے بندھے طریقے پر ایک لکیر پر چلتے رہنا ہے پھر اس میں جس قسم کی محنت درکار ہے۔ اس کو اعلا ذہن اور اعلا تخیل رکھنے والا انسان کبھی بھی قبول نہ کرے گا۔ تحقیق کے لئے مغز سگاں کی ضرورت ہے جبکہ تنقید کے لئے مغز شہاں درکار ہے (فن تنقید اور اردو تنقید نگاری: نور الحسن نقوی۔ ایجوکیشنل بک ہاؤس ، علی گڑھ۔ سن ۲۰۱۳۔ ص ۱۲۹)

ظاہر ہے کہ احسن فاروقی کے اس خیال سے کلی طور پر اتفاق کی گنجائش نہیں ہے۔

ہم سبھی جانتے ہیں کتابیں علم و حکمت خزانہ ہوتی ہیں اور جہاں وہ انسانی اذہان کو روشن و تابندہ کرتی ہیں وہیں وہ اپنے وقت کی تہذیب و ثقافت کی نمائندہ بھی ہوتی ہیں، جس طرح نئی کتابوں کی تصنیف و تالیف کی اہمیت سے کوئی انکار نہیں کر سکتا ہے اسی

طرح پرانی کتابوں کی تدوین و تہذیب اور آنے والی نسلوں تک من و عن اس کی منتقلی بھی ایک اہم فریضہ ہے۔ پرانی کتابوں کی تدوین و تہذیب کی اہمیت ان ملکوں کے لئے اور بھی زیادہ بڑھ جاتی ہیں جہاں پر ایک تہذیب دوسری تہذیب کا گلا گھونٹ کر اپنے رنگ کو جمانے کی کوشش کر رہی ہو۔

خود سر سید احمد خان جن کو غدر کے بعد مسلم نشأۃ ثانیہ کا ہیرو مانا جاتا ہے ان کی حیات و کارنامہ سے کون نہیں واقف ہوگا؟۔ ان کے علمی کارناموں میں جو چیزیں سب سے زیادہ اہمیت کی حامل ہیں وہ ان کی مرتب کردہ کتابیں ہی ہیں، اور وہ پھر چاہے 'جام جم' ہو یا آثار الصنادید، سلسلۃ الملوک ہو یا تصحیح آئین اکبری۔ تصحیح تاریخ فیروز شاہی ہو یا تصحیح تزک جہانگیری۔

مرتب نے زیر نظر کتاب کو تین ابواب میں تقسیم کیا ہے۔ پہلے حصے میں 'شخصیت اور سوانح' کے تحت ۲۲ مضامین شامل کئے گئے ہیں۔ جس میں مولانا سعید الرحمٰن اعظمی ندوی کا مضمون: پروفیسر شاہ عبد السلام بحری آبادی: کچھ باتیں۔ پروفیسر سالم قدوائی کا مضمون: پروفیسر شاہ عبد السلام: علم دوست انسان۔ آزر می دخت کا مضمون: نام نیک رفتگاں ضائع مکن ڈاکٹر سید احسن الظفر کا مضمون: پروفیسر شاہ عبد السلام کچھ یادیں اور کچھ تصویریں۔ پروفیسر اقتدار محمد خان کا مضمون: سفیر علم و ادب پروفیسر شاہ عبد السلام ڈاکٹر صہیب عالم کا مضمون: پروفیسر شاہ عبد السلام: ایک ہمہ جہت شخصیت، خاص اہمیت کے حامل ہیں۔

ڈاکٹر سید احسن الظفر کا مضمون اس لئے اہم ہے کہ اس میں انہوں نے شاہ صاحب کے علمی، ادبی و سماجی کارناموں پر روشنی ڈالی ہے اس میں خاص طور سے امیر الدولہ پبلک لائبریری سے وابستگی کے دوران انہوں نے جو کارنامے انجام دیے جن میں قلمی نسخوں

کی اشاعت وغیرہ شامل ہے۔ ان کا خاص طور سے ذکر کیا ہے۔ اسی طرح پروفیسر سالم قدوائی کا مضمون اس لئے خاصے کی چیز ہے کہ اس میں انہوں نے شاہ صاحب کے علمی و تحقیقی کارناموں پر روشنی ڈالی ہے، اسی کے ساتھ اس مضمون میں انہوں نے یہ بھی بتایا کہ شاہ صاحب کو انتظامی امور سے بھی بڑی دلچسپی تھی اس سلسلے انہوں نے ان کی کئی ذمہ داریوں کا ذکر بھی کیا ہے۔ پروفیسر اقتدار محمد خان نے اپنے مضمون میں شاہ صاحب کے امریکہ، کناڈا، سعودی عرب، برطانیہ و فرانس کے سفروں کا ذکر کیا ہے جو علمی اعتبار سے کافی اہم اور نصیحت آمیز ہے اسی طرح انہوں نے اپنے اس متذکرہ مضمون میں رضا لائبریری میں 'افسر بہ کار خاص' کے عہدے پر فائز رہتے ہوئے شاہ صاحب نے جو مشہور دانشوروں اور ادیبوں کے لکچرز و سیمینار وغیرہ کا اہتمام کیا تھا اس کا بھی ذکر کیا ہے۔

دوسرا باب 'علمی نقوش' کے تحت ہے اس باب میں ۱۱ مضامین شامل ہیں۔ شمس الرحمٰنفاروقی کا مضمون: زہر عشق یا Poison of love۔ڈاکٹر تابش مہدی کا مضمون :شاہ عبد السلام فاروقی بحری آبادی۔ پروفیسر مشیر حسین صدیقی کا مضمون: پروفیسر شاہ عبد السلام اپنی تحریروں کے آئینے میں۔ ڈاکٹر عبد القدوس۔ انچارج مانو لکھنؤ کیمپس کا مضمون :تحفتہ الاحباب فی البیان الانساب : ایک مطالعہ۔ ڈاکٹر محمد اکرم کا مضمون 'مکتوبات شاہ ولی اللہ دہلوی۔ڈاکٹر عمیر منظر کا مضمون۔ دبستان آتش: ایک مطالعہ۔ ڈاکٹر سرفراز احمد خان کا مضمون: داکٹر شاہ عبد السلام کے کچھ فارسی تراجم ----۔ ایک مطالعہ۔ بڑے ہی اہم ہیں۔

ڈاکٹر عبد القدوس نے اپنے متذکرہ مضمون میں بتایا ہے کہ اصل میں یہ کتاب خانوادۂ فرنگی محل کی علمی، ادبی و سیاسی خدمات کی ایک مفصل و مبسوط تاریخ ہے جو فارسی زبان میں تھی، شاہ صاحب کارنامہ یہ کہ انہوں نے پہلی مرتبہ اس کا اردو میں ترجمہ

کر کے اردو دنیا کو اس سے متعارف کرایا۔

ڈاکٹر محمد اکرم کا یہ مضمون اس لئے اہم ہے کہ اس میں موصوف نے پروفیسر شاہ عبدالسلام صاحب کی دریافت و تحقیق کی کھل کر داد دی ہے۔ متذکرہ کتاب شاہ صاحب کے آبائی ذخیرہ کتب کا ایک نادر مخطوطہ ہے، جو دو چار صفحات کے علاوہ پورے کا پورا عربی زبان میں ہے۔ یہ مجموعہ شاہ ولی اللہ دہلوی، ان کے فرزندوں، دوستوں، شاگردوں کے خطوط پر مشتمل ہے۔

داکٹر عمیر منظر نے اپنے مضمون میں اس بات پر زور دیا ہے کہ شاہ صاحب وہ پہلے محقق ہیں جنہوں نے اپنی اس متذکرہ کتاب میں آتش کے کئی گم نام شاگردوں کی خدمات کا ذکر کیا ہے، اسی طرح شاہ صاحب نے اپنی اس کتاب میں اشعار کے حوالے سے یہ ثابت کیا ہے کہ آتش و شاگردان آتش کی شاعری دبستان دہلی و دبستان لکھنؤ کی شاعری کا بہترین امتزاج ہے۔

اسی طرح اس باب میں ڈاکٹر سر فراز احمد خان کا مضمون بھی بڑا اہم ہے۔ پروفیسر شاہ عبدالسلام صاحب مرحوم نے باذوق قارئین کے لئے سمیر چند کی فارسی بالمیکی رامائن کا جو ہندی میں ترجمہ پیش کیا ہے اس پر بڑے ہی شرح و بسط کے ساتھ روشنی ڈالی ہے اور ثابت کیا کہ شاہ صاحب کا یہ علمی وادبی کارنامہ بڑا ہی پر وقیع و پر مغز ہے۔

باب سوم میں 'منتخب تحریریں' کے تحت خود شاہ صاحب کی تین تحریریں شامل ہیں جس میں کچھ نظمیں ہیں اور کچھ نثر۔

اس کتاب کا آخری حصہ باب چہارم 'تصویروں کی زبانی' ہے۔ اس حصے میں کئی نامور ہستیوں کی تصاویر شامل کی گئی ہیں جن میں خود شاہ صاحب بھی جلوہ افروز ہیں۔

میں پروفیسر آزرمی دخت کے ان جموں پر اپنی بات ختم کر رہا ہوں:

"ہر ملک، قوم اور تہذیب کے لئے اس کی تاریخ کا حفظ اور نگہ داری ضروری ہے ۔جو قوم جتنی زیادہ بیدار ہوتی ہے اتنا ہی زیادہ اس کو اپنی اس مخصوص وراثت کی اہمیت کا احساس ہوتا ہے اور آنے والی نسلوں کے لئے وہ اس کو محفوظ رکھنے کی تا حد امکان کوشش کرتی ہے ۔میرا عقیدہ ہے کہ اپنی قدیم تاریخ کے ماخذ و منابع کو زندہ رکھنا ہمارا بنیادی فریضہ ہے۔شاہ صاحب کی بصیرت نے ان کو اس اہم فرض کو ادا کرنے طرف راغب کیا ۔ان کے متعدد تحقیقی و تدوینی کام تاریخ سے متعلق ہیں" ۔(کتاب ھذا۔ ص۸۹) مجھ امید ہی نہیں بلکہ یقین واثق ہے کہ 'شاہ' شناسی میں ڈاکٹر فائز کی اس کتاب کو خشت اول کی حیثیت حاصل ہوگی۔

***

مظفر کے نام (کچھ ادبی خطوط) جلد اول و دوم

ڈاکٹر داؤد احمد

نام کتاب: مظفر کے نام (کچھ ادبی خطوط) جلد اول و دوم

مرتب: انجینئر فیروز مظفر

ناشر: مظفر حنفی میموریل سوسائٹی، نئی دہلی۔۲۵

ضخامت: ۱۱۸۴ صفحات

قیمت: ۱۰۰۰ روپے (دونوں جلد)

تبصرہ نگار: ڈاکٹر داؤد احمد

زیر تبصرہ کتاب " مظفر کے نام "(کچھ ادبی خطوط) ان خطوط کا مجموعہ ہے جو کثیر الجہات شخصیت مظفر حنفی (یکم اپریل ۱۹۳۶ تا ۱۰/ اکتوبر ۲۰۲۰) کو وقفے وقفے سے مختلف شاعر و ادیب اور دیگر شعبہ جات سے تعلق رکھنے والے افراد نے لکھے ہیں۔ یہ کتاب دو جلدوں، پہلی جلد میں ۵۹۲ اور دوسری جلد بھی ۵۹۲ صفحات پر مشتمل ہے۔ مجموعی طور پر ۱۱۸۴ صفحات ہیں جسے ڈاکٹر مظفر حنفی کے لائق وفائق صاحبزادے انجینئر فیروز مظفر نے مرتب کیا ہے جو مظفر حنفی میموریل سوسائٹی کے زیر اہتمام شائع ہوئی ہے۔ انجینئر فیروز مظفر پیشہ سے انجینئر ہیں مگر ذہنی اعتبار سے اپنے والد کی علمی و ادبی روایتوں کے وارث اور امین ہیں۔ تحقیق و ترتیب میں نہ صرف دلچسپی رکھتے ہیں بلکہ اس صنف میں باضابطہ وہ

کام بھی کرتے رہتے ہیں۔ ان کی اب تک ایک درجن سے زائد کتابیں منظر عام پر آچکی ہیں۔ ان کی کتابوں پر انھیں مختلف انعامات سے بھی نوازا جا چکا ہے۔ فی الوقت وہ عالمی تحریک اردو اور مظفر حنفی میموریل سوسائٹی کے سربراہ ہیں۔

زیر نظر کتاب میں انجینئر فیروز مظفر نے "کچھ اپنی سی" کے تحت ایک مبسوط مقدمہ بھی تحریر کیا ہے جس میں نہ صرف مرتب کردہ خطوط کے حوالے دیے گئے ہیں بلکہ مکتوب نگاری کی روایت، تاریخ، ادبی خطوط کی اہمیت اور ضرورت پر سنجیدہ گفتگو بھی کی ہے۔ ان خطوط کے مطالعہ سے ہماری عصری ادبی تاریخ کی بہت سی ان کہی داستان منظر عام پر آگئی ہے جو یقیناً ادب کا بہت بڑا سرمایہ ہے۔ مرتب نے ان خطوط کا مطالعہ کیا تو ان کے افادیت کو محسوس کیا پھر اس کے بعد بذات خود اس کو ترتیب دینے کا فیصلہ کیا۔ یہ مجموعہ ان خطوط پر مشتمل ہے جو اہل علم کی طرف سے مختلف مواقع پر پروفیسر مظفر حنفی کو موصول ہوئے تھے ان خطوط کو جمع کرنا آسان کام نہیں تھا۔ پروفیسر موصوف کو سرکاری اور غیر سرکاری ہر طرح کے خطوط ملتے تھے انھیں چھانٹنے میں انجینئر فیروز مظفر کو کوئی چھ مہینے لگ گئے۔ خطوط کو چھانٹنے کے بعد ادبی خطوط تلاش کئے گئے جو بقول مرتب "ایک پتہ ماری کا کام تھا۔" ظاہر سی بات ہے کہ ایک خط کو پڑھنا، دیکھنا، ترتیب لگانا، اس کی کمپوزنگ کرنا اور پھر اس کو حرف تہجی کے اعتبار سے ترتیب دینا کوئی آسان کام نہیں تھا تاہم انھوں نے اس مشکل ترین معرکہ کو سر کر لیا اور ان خطوط کو منظر عام پر لا کر ادبی دنیا پر احسان عظیم کیا ہے۔

دو جلدوں پر مشتمل اس کتاب میں ۵۷۱ ادبی شخصیات کے خطوط شامل ہیں۔ پہلی جلد میں ۳۵۶ اور دوسری جلد میں کل

۲۱۵ خطوط ہیں۔ کتاب کی پہلی جلد میں شامل ادیب و شعراء میں پروفیسر آل احمد

سرور، احمد ندیم قاسمی، اسلوب احمد انصاری، انور سدید، احمد سعید ملیح آبادی، پروفیسر ابوالکلام قاسمی، پروفیسر انیس اشفاق، اقبال مجید، افتخار امام صدیقی، ڈاکٹر بشیر بدر، بلراج کومل، پروفیسر بیگ احساس، پی پی شیریواستو رند، جگن ناتھ آزاد، حکیم عبد الحمید (ہمدرد)، حامد انصاری (صدر جمہوریہ ہند)، عزیز قریشی (گورنر اتراکھنڈ)، پروفیسر حنیف نقوی، پروفیسر حامدی کاشمیری، خلیق انجم، ڈاکٹر سراج اجملی، پروفیسر صغیر افراہیم، دلیپ سنگھ، رشید حسن خاں، زبیر رضوی، شمس الرحمٰن فاروقی، شکیل الرحمٰن، شاہین بدر (پاکستان)، شہزاد منظر (کراچی)، شیخ مقصود احمد (لندن)، شاہین (کناڈا)، عاشور کاظمی (لندن)، عبد القدوس (والد محترم مظفر حنفی)، مدیر' شاعر' مرحوم افتخار امام صدیقی اور مرحوم عبد الاحد ساز وغیرہ کے خطوط بھی شامل ہیں۔ ایک ایک شخصیت کی کئی کئی خط ہیں۔ مثال کے طور پر معروف نقاد آل احمد سرور کے خطوں کی تعداد ۹ ہے۔ شمس الرحمٰن فاروقی کے خطوں کی تعداد ۱۹ ہے۔ پروفیسر آفاق احمد کے خطوں کی تعداد ۱۲ ہے۔ ایسے دیگر تمام اشخاص کے متعدد خطوط شامل ہیں۔

کتاب کی دوسری جلد ۲۱۵ خطوط پر مشتمل ہے۔ شامل ادیب و شعراء میں عشرت قادری، پروفیسر عبد القوی دسنوی، پروفیسر عتیق احمد صدیقی، پروفیسر عنوان چشتی، پروفیسر عتیق اللہ، پروفیسر علی احمد فاطمی، عابد سہیل، علقمہ شبلی، غلام مرتضیٰ راہی، فرمان فتح پوری (پاکستان)، فضا ابن فیضی، پروفیسر فاروق بخشی، فراق جلال پوری، کاوش بدری، قتیل شفائی، پروفیسر قمر رئیس، قیصر تمکین (لندن)، پروفیسر قاضی عبید الرحمٰن ہاشمی، پروفیسر قمرالہدیٰ فریدی، قمر جمیلی (کراچی)، کشمیری لال ذاکر، کمال احمد صدیقی، کرامت علی کرامت، پروفیسر گیان چند جین، پروفیسر گوپی چند

نارنگ، پروفیسر لطف الرحمٰن، مسعود حسین خاں، قاضی حسن رضا، مشفق خواجہ (پاکستان) پروفیسر محمود الٰہی، پروفیسر ملک زادہ منظور احمد، پروفیسر مناظر عاشق ہر گانوی، منور رانا، نشتر خانقاہی، نیر مسعود، وزیر آغا (پاکستان) وغیرہ اور بذات خود چند ذاتی خطوط پروفیسر مظفر حنفی نے اپنے اہل خانہ کو تحریر کیے ہیں۔ اس جلد میں عبد القوی دسنوی کے ۷۶ خطوط، پروفیسر عنوان چشتی کے ۱۹ خطوط، قاضی حسن رضا کے ۲۸ خطوط، کاوش بدری کے ۱۵ خطوط اور دیگر معروف ادباء و شعراء کے متعدد خطوط شامل کتاب ہیں۔ علاوہ ازیں مظفر حنفی کے کچھ خطوط صغریٰ مہدی کے نام، منور رانا کے نام، ندیم صدیقی کے نام، عاصمہ خاتون (اہلیہ) کے نام، فیروز مظفر (بیٹے) کے نام، سہیل مظفر (بیٹے) کے نام، صبا تسنیم (بیٹی) کے نام بھی شامل ہیں۔ مشاہیر ادب کے خطوط لکھنے کا انداز، القاب و آداب جدا گانہ ہیں۔ خطوط سے پتہ چلتا ہے کہ کوئی پروفیسر مظفر حنفی سے مشورے طلب کر رہا ہے تو کوئی ان سے مضمون لکھنے کی درخواست کر رہا ہے، کوئی اپنی کتاب پر مقدمہ لکھوانا چاہتا ہے تو کوئی اپنی تحریری اصلاح کرنے کے لیے خط لکھ رہا ہے تو کوئی کسی اور چیز کے لیے ان کے در پر دستک دے رہا ہے اور وہ ہر ایک کی دادرسی کر رہے ہیں۔ مجموعہ میں کچھ مختصر اور کچھ طویل خطوط بھی شامل ہیں۔ مختصر خطوط میں حفیظ بنارسی، حکیم عبد الحمید (ہمدرد)، حامد انصاری (صدر جمہوریہ ہند)، انیس انصاری، عقیل شاداب، ظہور قاسم، رفیع الدین ہاشمی وغیرہ اور طویل خطوط میں جگن ناتھ آزاد، پروفیسر خالد محمود، عشرت قادری، عبد القدوس (والد محترم)، منشاء الرحمٰن منشا، کاوش بدری، نسیم شاہجہاں پوری، نجیب رامش وغیرہ کے نام نامی شامل کتاب ہیں۔

یہ خط کس نوعیت کے ہیں اس کا اندازہ دو، تین مثالوں سے کیا جا سکتا ہے۔ اقبال مجید کے ایک خط کی چند سطریں ملاحظہ کریں:

"اگر آپ نے پچھلے دس بیس سال کے افسانے پڑھے ہونگے تو یہ ضرور سوچا ہوگا کہ کم از کم اب اردو افسانہ فنی طور پر کہیں زیادہ چست درست ہو گیا ہے اور کیا لکھا جائے کہ کبھی زیادہ افسانہ نگار کیسے لکھا جائے پر خاصا زور دے رہا ہے جس کے سبب اظہار اور بیانیہ میں تازگی اور کساوٹ کا احساس معمولی قاری کو بھی ہونے لگا ہے۔"

شمس الرحمٰن فاروقی کے ایک خط کی چند سطریں ملاحظہ فرمائیں:

" آپ نے "افکار ملی" میں یہ کیا بات لکھ دی کہ حالی نے تخلیق کے میدان میں "اپنی عدم استطاعت کا شعور ہو جانے کے بعد تنقید کا پیشہ اختیار کیا۔" مقدمہ تو دیوان ہی کا مقدمہ ہے، اگر کتاب کی حیثیت سے لوگ اسے اب جاننے لگے ہیں۔یعنی حالی بطور شاعر قائم اور مشہور تھے جب انھوں نے دیوان مرتب کیا اور حتماً اس کا مقدمہ لکھا۔وہ بذات خود کتاب کی حیثیت اختیار کر گیا، یہ الگ بات ہے۔دیوان (۱۸۹۳ء) کی اشاعت کے پہلے وہ شاہکار "مرثیہ غالب" لکھ چکے تھے۔"

آل احمد سرور کے ایک خط کی چند سطریں دیکھیں:"میری علالت کو تو اب دس مہینے ہوگئے آہستہ آہستہ بہتر ہو رہا ہوں۔ آپ بخیریت ہونگے۔"

ان خطوط میں ادب کے ساتھ اس وقت کے حالات اور مکتوب نگاروں کے حالات بھی سامنے آتے ہیں۔اس لیے ان خطوط کی نوعیت تاریخی ہوگئی ہے۔

خط لکھنا نہ صرف یہ کہ ہماری ایک پرانی، مگر شاندار روایت رہی ہے بلکہ یہ ہر دور میں ایک من پسند شغل بھی رہا ہے۔ خطوط زندگی کی قدروں کے امین و آئینہ دار ہوتے ہیں جن میں زماں و مکاں کے عکس کو بخوبی دیکھا جاسکتا ہے۔ خطوط ادب کی تشہیر و تعمیر کا نمایاں اور بنیادی حصہ ہے۔ خطوط کو نصف ملاقات کہا گیا ہے۔اردو میں مکتوب نویسی کو ایک متکلم روایت کی حیثیت غالبؔ نے عطا کی۔ڈاکٹر مختار احمد لکھتے ہیں:

" خطوط نویسی کو اردو ادب میں غالب نے ایک منفرد مقام عطا کیا ہے اس سے قطع نظر خطوط کی اہمیت ایک تاریخی ماخذ کے طور پر مسلم ہے۔ عہد وسطیٰ کے صوفیائے کرام کے مکتوبات سے عہد حاضر کے مشاہیر کے خطوط تاریخی ماخذ کا یہ سرمایہ ادب و ثقافت اور سماجیات جیسے موضوعات پر کام کرنے والے محققین کے لیے انتہائی اہم اور وقیع حیثیت رکھتا ہے۔" (صفحہ۔ ۹)

مرزا غالب اور داغ دہلوی کے علاوہ جن شعراء و ادباء نے اپنی صلاحیتوں اور وسائل کے ساتھ ان گنت ادبی کارنامے کو آگے بڑھایا ہے اس میں پروفیسر مظفر حنفی کا بھی شمار کیا جاسکتا ہے۔ وہ رنگارنگ شخصیت کے مالک تھے اور انھوں نے مختلف شعبوں میں اپنی کارکردگی کے نقوش ثبت کیے ہیں۔ ان کا تعلق شاعری، تحقیق و تدوین، نثر نگاری، افسانہ نگاری، ترجمہ نگاری، سفر نامہ، صحافت نگاری اور مکتوب نگاری سے ہے۔ جہاں تک مکتوب نگاری کی بات ہے تو اس ضمن میں کئی اہم شعراء اور ادباء کے خطوط اور ان کی مکتوب نگاری سامنے آجاتی ہے۔ خصوصی طور پر غالب کی نثر نگاری میں ان کی مکتوب نگاری کو ایک اہم مقام اور اہمیت حاصل ہے۔ مظفر حنفی نے مکتوب نگاری کے تحت اہم شخصیتوں کو خطوط لکھنے کے ساتھ ہی ساتھ اپنے اہل خانہ کے لیے کچھ ذاتی خطوط بھی لکھے ہیں جن کو پڑھنے سے ایک ذمہ دار شوہر اور ایک مشفق باپ کی محبت عیاں ہوتی ہے۔ وہیں ایک خط اس میں ان کے والد محترم عبد القدوس کا ہے۔ اس خط سے اندازہ ہوتا ہے کہ وہ اپنے والدین کی فرمابردار اولاد تھے۔ مظفر حنفی ایک منظم شخصیت کے مالک تھے جنھوں نے زندگی کا ہر لمحہ بہت ہی منظم طریقے، سلیقے اور نپے تلے انداز میں گزارا۔ یہ حقیقت ہے کہ ہر صنف میں انھوں نے کام کیا اور کامیاب رہے۔ پروفیسر مظفر حنفی کی زندگی میں ہی ان کے فن اور شخصیت پر بہت کام ہو چکے ہیں تاہم انتقال کے بعد اس میں مزید پیش

رفت ہوئی۔ ان پر باضابطہ کئی کتابیں شائع ہوئیں۔

خطوط کا مجموعہ "مظفر کے نام" میں اپنے زمانے کے مشاہیر ادب دوستوں اور عزیزوں کی رنگارنگ تصویریں نظر آتی ہیں اور ان کے ساتھ مظفر حنفی کے تعلقات کی نوعیت معلوم ہوتی ہے۔ کھٹے میٹھے تجربات ،ہدایات کا سخت لہجہ ،کاروباری گفتگو کا انداز، پیار و محبت کے سریلے نغمے، غرض یہ ایک ایسا آئینہ خانہ ہے جس میں مظفر حنفی کی شخصیت اپنی تمام خوبیوں اور خامیوں کے ساتھ جلوہ گر نظر آتی ہے۔ ان خطوط کے ذریعے ان کی شخصیت کے کچھ ایسے پہلو بھی سامنے آتے ہیں جو ان کی دیگر تحریروں میں تمام و کمال نہیں آسکتے تھے۔ مثلاً ہم عصر شاعروں اور ادیبوں کے ساتھ ان کے تعلقات، بے راہ روی کے لیے ان کی مذمت، جرأت اظہار کی مدافعت وغیرہ کا ذکر بڑی تفصیل کے ساتھ ان خطوط میں ملتا ہے۔

انجینئر فیروز مظفر کا مرتب کردہ زیر تبصرہ خطوط کا مجموعہ میں شامل خطوط کو پڑھ کر مجھے غالب کا گمان ہونے لگا۔ خطوط کے اس مجموعہ میں ہمارے اس زمانے کے ادبی، سماجی اور اقتصادی حالات کی منھ بولتی تصویریں ہیں۔ ان خطوط میں نامہ نویسندہ نے اپنے ذاتی احساسات اور جذبات و کیفیات کا اظہار کیا ہے۔ آج کا زمانہ وہ زمانہ ہے جب سماجی رابطے کے مختلف وسائل جیسے فیس بک، واٹس ایپ کے علاوہ موبائل فون ہر ایک کے دسترس میں ہے۔ اس کے باوجود بھی خطوط کے ذریعہ اپنے روز و شب کی احوال نویسی نہ صرف یہ کہ قابل تحسین ہے بلکہ قابل تقلید بھی ہے۔ یہاں میں ایک بات بھی ضمناً عرض کرتا چلوں کہ الیکٹرانک میڈیا کچھ بھی ہو، آخر یہ سب کچھ ہوا میں اڑ ہی جاتا ہے۔ اس کے برعکس پرنٹ میڈیا کتاب ایک زندہ ریکارڈ ہے جو آسانی سے مٹنے والا نہیں ہے۔ علاوہ ازیں کتاب پڑھنے کا اپنا ایک الگ ہی مزہ ہے۔

کتاب کی دوسری جلد کے آخر میں مرتب نے مظفر حنفی کا سوانحی اشاریہ پیش کیا ہے جس میں موصوف کی کل کائنات دیکھی جاسکتی ہے۔ دونوں جلد کے ٹائٹل کور دیدہ زیب ہیں۔ فلیپ کور پر فیروز مظفر کے نام کچھ خطوط کے اقتباسات اور عکس دیے گئے ہیں۔ جلد اول کے بیک کور پر انجینئر فیروز مظفر کی تصویر و کوائف، جلد دوم کے بیک کور پر موصوف کی تصویر کے ساتھ پروفیسر حنیف نقوی اور شمس الرحمٰن فاروقی صاحب کے خط کے اقتباس کا عکس کتاب کی خوبصورتی کو دوبالا کر دیا ہے۔

مظفر کے نام (کچھ ادبی خطوط) یہ کتاب پڑھنے سے تعلق رکھتی ہے۔ اس میں نئی نسل کے لیے سبق بھی ہے اور نصیحت بھی۔ یہ کتاب لائبریریوں میں رکھے جانے کے لائق ہے۔ یہ صرف خطوط نہیں ایک زمانہ کی روداد ہیں۔ انجینئر فیروز مظفر مبارکباد کے مستحق ہیں کہ انھوں نے والد محترم پروفیسر مظفر حنفی کے نام آئے اتنے سارے خطوط کو یکجا کر کتابی جامہ پہنا کر ایک بڑا کارنامہ انجام دیا ہے۔

***

نسترن احسن فتیحی کا ناول "نوحہ گر"

پروفیسر غضنفر علی

خامۂ خواتین اردو شاعری کے مقابلے میں صفحۂ فکشن پر ہمیشہ ہی کچھ زیادہ رواں رہا ہے۔اور اس کی روانی کی موجیں طرح طرح کی ترنگیں اٹھاتی رہی ہیں۔ آج بھی اس نسائی قلم کی روانی اور تیز گامی برقرار ہے۔ موجیں آج بھی ترنگیں اٹھا رہی ہیں اور دریائے فسانہ میں ہلچل مچا رہی ہیں مگر یہاں اس کے اسباب سے بحث نہیں بلکہ اس افسانوی گرداب کی طرف اشارہ کرنا مقصود ہے جو ایک نسائی خامے کی جنبش سے اردو فکشن کے آب میں "نوحہ گر" کے عنوان سے اٹھ کھڑا ہوا ہے۔ "نوحہ گر" سے پہلے نسترن نے لفٹ 'لکھا جو اردو کے کیمپس ناولوں میں ایک اضافے کی حیثیت رکھتا ہے جس میں تعلیمی اداروں کی گھناؤنی سیاسی چالبازیوں مکروہ بد عنوانیوں اور درس و تدریس و انتظامیہ سے وابستہ افراد کی نفسیاتی الجھنوں کو دلچسپ افسانوی رنگ و آہنگ کے ساتھ اجاگر کیا گیا ہے مگر اہل نظر نے اس ناول پر وہ توجہ نہیں فرمائی جس کا وہ متقاضی تھا۔

'نوحہ گر نسترن احسن فتیحی کی نوکِ قلم سے نکلا ہوا ان کا دوسرا ناول ہے جو ایک بڑے کینوس پر پھیلا ہوا ہے۔ یہ ایک ایسا نوحہ ہے جو اپنے سینے میں ان لوگوں کا سوز رکھتا ہے جو ایک بھرے پورے ملک کی ہری بھری وادی میں بھی ایک طبقے کو اندر باہر دونوں طرف سے جھلساتا رہتا ہے۔ ان کے دلوں کو زرد اور جسم کو سیاہ کرتا جاتا ہے۔ان کی

سانسوں میں دھواں اور رگ و ریشے میں زہر بھرتا جاتا ہے۔ اس صدی میں بھی انھیں آدی باسی بنائے رکھتا ہے مگر ان کی حالت زار کسی کو دکھائی نہیں دیتی۔ ان کی گھٹن کسی کو دکھائی نہیں دیتی ۔ ان کی چبھن کسی کے احساس میں نہیں چبھتی ۔ ان کی اینٹھن کسی کے ادراک میں بل نہیں ڈالتی۔ بلکہ الٹے ان کی تڑپ اور چھٹپٹاہٹ پر انھیں معتوب، مغلوب اور مصلوب بھی کیا جاتا ہے۔ نسترن فتیحی لائق, تعظیم اور قابل,داد ہیں کہ انھوں نے اس طبقے کی حالت زار اور ان کے سینے کے سوز کو محسوس کیا۔ یہ بیڑا اٹھایا کہ ایک پیڑا جو سینے میں گھٹ کر رہ جاتی ہے اسے سماعتوں تک پہنچائیں۔ ایک کراہ جو چیخ رہی ہے اسے چپ کرائیں۔ اس انسان کو جسے آج بھی جنگلی سمجھا جاتا ہے اسے انسان کا درجہ دلائیں۔ ساتھ ہی اس نوحہ گر نے ایک اور مظلوم کے سینے میں دہکنے والی آگ کی لپٹوں کو بھی اپنے بیان میں لپیٹ کر ہماری بصارتوں اور سماعتوں تک لانے کی کوشش کی ہے۔ نیز نسترن نے اپنی اس تخلیق میں اس قوت کو بھی دکھانے کی سعی کی ہے کہ اگر ادھر توجہ نہیں دی گئی تو ایک آگ جو ابھی سلگ رہی ہے کہیں بھڑک گئی سب کو جلا کر خاک نہ کر دے۔

ناول کے اختتام تک آتے آتے انہوں نے بہت خوبصورتی سے اس حقیقت کی طرف ذہن کو مبذول کرایا ہے کہ خاموشی اور کنارہ کشی کسی مسئلے کا حل نہیں بن سکتی بلکہ مشکلات کے آگے سینہ سپر ہو کر ہی ہم ظلم کو سرنگوں کر سکتے ہیں۔ ورنہ طبقاتی نسلی اور مذہبی تفرقات کو ہوا دے کر ظلم کا رواج عام ہو جائیگا۔

نسترن فتیحی ان خواتین قلم کاروں میں سے ایک ہیں جن کا قلم ہمیشہ کسی نہ کسی صورت میں اپنی جنگ لڑتا رہتا ہے۔ لفٹ کے بعد انھوں نے معاشرے کے ایک اور اہم مسئلے کو نہایت ہی پر زور آواز میں اٹھایا ہے اور ایسا پر سوز لہجہ اختیار کیا ہے کہ پڑھتے وقت

ناول ایک نوحے میں بدل جاتا ہے اور قاری پر رقت طاری کر دیتا ہے۔ اس کیفیت کو پیدا کرنے میں نسترن کے حساس اور درد مند دل کا ہاتھ تو ہے ہی ان کی قوت بیان نے بھی اہم کردار نبھایا ہے۔ نسترن فتیحی کی اس افسانوی تخلیق میں موجزن اثریت کا ایک سبب شاید یہ بھی ہے کہ انھوں نے اس ناول کو ڈرائنگ روم میں یا اسٹڈی ٹیبل پر بیٹھ کر نہیں لکھا ہے بلکہ اس کے لیے وہ اپنے آرام دہ خواب گاہ سے نکل کر پر خار راستوں پر چلی ہیں۔ بدبودار گلیوں میں گھومی ہیں۔ تنگ و تاریک علاقوں میں پہنچی ہیں۔ طرح طرح کی صعوبتیں اٹھائیں ہیں۔ مصیبتیں جھیلی ہیں۔ مجھے امید ہے کہ نوحہ گر کا نوحہ ضرور اپنا اثر دکھائے گا اور معاشرے کے جمود کو پگھلائے گا۔ پتھر دلوں کو موم کرے گا اور نگاہوں کو اس جانب بھی مرکوز کرے گا جدھر آہیں اور کراہیں کب سے راہ دکھ رہی ہیں۔

اس اچھے، بامعنی اور اثر دار ناول کی تخلیق کے لیے نسترن فتیحی کو ڈھیروں مبارکباد۔

٭٭٭

"بولتی حقیقتیں" از شفقت نیازی: نفسیاتی تجزیہ

محمد سخی خان

"بولتی حقیقتیں" کے نام سے یہ نثری کتاب مثال پبلشرز فیصل آباد سے ۲۰۲۲ء میں شائع ہوئی۔ کتاب کے مصنف ایک ریٹائرڈ پولیس افسر ہیں۔ کتاب کے نام اور مصنف کے شعبۂ زندگی کی مناسبت سے خیال تھا کہ اس کتاب کے موضوعات پر ایک پولیس افسر کی زندگی کا رنگ غالب ہو گا۔ اس کتاب کا ذکر سن کر ذہن میں پہلا خیال یہ ابھرا کہ ایک پولیس افسر نے سروس کے دوران جن تلخ معاشرتی حقائق کا مشاہدہ کیا ہو گا، وہی اس میں درج ہوں گے۔ کتاب کے مطالعے سے قبل ذہن میں دوسرا خیال یہ تھا کہ مصنف نے اپنی زندگی چونکہ پولس افسر کے طور پر گزاری ہے جہاں سخت اور کھردرے لہجے برتنے کا رواج عام ہے، اس لیے کتاب کے الفاظ میں بھی وہی چبھتا ہوا غیر ادبی کھردرا پن عیاں ہو گا۔ ایک خیال یہ بھی ذہن میں تھا کہ ایک افسر کی مصروف زندگی میں مطالعے جیسے کاموں کا وقت نہیں بچتا ہو گا اس لیے یہ کتاب علمی حوالے سے خالی خالی سی ہو گی۔ سوچنے کو تو انسان کچھ بھی سوچ سکتا ہے لیکن یہ قطعاً ضروری نہیں ہے کہ حقیقتیں ہماری سوچ کے عین مطابق نکلیں۔ یہی ہوا، جب کتاب کا مطالعہ کیا تو یہ حقیقتیں کچھ اور بول رہی تھیں۔ الفاظ کے استعمال اور جملوں کے نشست و برخاست میں حسنِ ترتیب اور سلاست و شائستگی دیکھ کر میں نے کتاب کی پشت پر لگی مصنف کی باوردی تصویر

کو دوبارہ سے بغور دیکھا۔ تصویر میں زیرِ لب تبسم کا اظہار ہوا، جیسے مجھ سے کہا جا رہا ہو کہ کتاب پڑھو، تصویروں میں کیا جھانکتے ہو۔ پھر میں نے بھی یہی سوچا کہ تصویر کی بجائے مصنف کے داخلی جہان میں جھانک لیا جائے۔

کتاب کے الفاظ اور موضوعات کی سیڑھی پر کھڑے ہو کر میں نے جہانِ کتاب کے دریچوں سے تانک جھانک شروع کر دی۔ ان دریچوں سے پھوٹنے والی پہلی خوشبو جو مجھ تک پہنچی وہ رسول صلی اللہ علیہ وآلہ وسلم اور آل رسولؐ سے محبت کی خوشبو تھی۔ الفاظ کی بے ساختگی بتا رہی تھی کہ الفاظ میں موجود جذبات مصنوعی نہیں ہیں بلکہ یہ محبت گہری جڑیں رکھتی ہے۔ میں نے ایک دوسرے روزن پہ آنکھ رکھی تو دل زور سے دھڑکا۔ روزن میں سے نورانی اور رعب دار چہرے والے مولانا عبد الستار خان نیازی نظر آئے۔ مصنف مولانا صاحب کے سامنے عقیدت سے سر جھکائے، ہاتھ باندھے باادب کھڑے تھے۔ مولانا نیازی رحمۃ اللہ علیہ نے تحریک ختم نبوت اور تحریک نظامِ مصطفیٰ صلی اللہ علیہ وآلہ وسلم میں قابلِ فخر کردار ادا کیا تھا۔

جہانِ کتاب کی ایک اور درز پہ آنکھ پیوست کی تو مصنف اپنے خاندان کے صاحبانِ قلم اکابرین: مولانا کوثر نیازی، ڈاکٹر اجمل نیازی اور پروفیسر اکبر خان نیازی کے ساتھ ایک ہی شجر و شجرہ کے سائے میں بیٹھے نظر آئے۔ اس شجر و شجرہ کا سایہ میرے لیے نامانوس نہیں تھا۔ مجھے اس سائے میں ان کے خاندان کی کئی ایسی قد آور اور علمی شخصیات بھی بیٹھی نظر آئیں جن کا تذکرہ کتاب میں براہ راست موجود نہیں تھا لیکن ان کے عکس موجود تھے۔

میں نے ایک اور کھڑکی سے جھانکا تو ہنس دیا۔ کھڑکی کے اُس پار مصنف نے ایک بچے کا روپ دھار رکھا تھا۔ وہ یہاں سر جھکائے ٹاٹ پر بیٹھا سرکنڈے کے قلم سے تختی

لکھتا نظر آیا۔ اس کے پاس پروفیسر ظہور الحسن ارزش اور عبد العلی خان نامی استاد بیٹھے نظر آئے جو مصنف کے دل کی تختی پر اپنے اثرات قلم بند کر رہے تھے۔

پھر ایک جگہ مجھے مصنف ایک ادبی نشست میں نظر آئے۔ منیر نیازی، اشفاق احمد اور احمد ندیم قاسمی کے ہمراہ رئیس احمد عرشی، ممتاز عارف اور ہارون الرشید تبسم موجود تھے، جو شعر و سخن کے پھول کھلا رہے تھے۔ ایک جگہ مجھے کچھ باوقار سی باوردی شخصیات بھی نظر آئیں جو میرے لیے اجنبی تھیں۔ مصنف نے پولیس ڈیپارٹمنٹ کے کچھ ایسے افسروں کو اپنے ساتھ بٹھا رکھا تھا جو اچھی شہرت کے حامل تھے۔ ایک جگہ مصنف مجھے سیاسی جلسے میں بھی نظر آئے۔ عمران خان (سابق وزیر اعظم) تقریر کر رہے تھے اور مصنف ہمہ تن گوش تھے۔

ایک جگہ لوح دیوار پہ مصنف کا شجرۂ نسب آویزاں نظر آیا تو میں نے بھی فوراً اپنے شجرے کی پوٹلی کھولی۔ مواز / معاذ خان (آزاد خان کے بھائی) سے قبل کا شجرہ یکساں تھا۔ شجرے میں لودھی کی والدہ اور نیازی قبلے کے بانی "بابا نیازی" کی دادی، بی بی متو، کا ذکر موجود نہیں تھا۔ بی بی متو کی نسبت سے بابا نیازی کو متوزئی کہا جاتا تھا۔ بعد ازاں نیازی نامی اس افغان سردار کی اولاد کو نیازئی کہا جانے لگا۔ بی بی متو کے شوہر کی دوسری بیویوں کی اولادوں نے الگ شناخت پائی تھی۔ بعض مؤرخین کا خیال ہے کہ نیازی کا اصل نام نیاز تھا جسے پیار سے نیازی کہا جاتا تھا۔ افغانستان میں "ی" کو پانچ مختلف طرح سے ادا کار جاتا ہے جس سے لفظ کی معنوی حیثیت میں بھی تغیر رونما ہوتا ہے۔ کسی اسم کے ساتھ "زئی" کو "بیٹا، آل" کے معنوں میں بطور لاحقہ استعمال کیا جاتا ہے۔ جیسے یوسف زئی، سدوزئی وغیرہ۔ تاہم برصغیر کی بیشتر زبانوں میں "ی" کے لاحقہ کو "کا، کی، کے" کے معنوں میں بھی برتا جاتا ہے۔ جیسے: لاہور سے لاہوری (لاہور کا)۔ اس لسانی تغیر کی وجہ

سے "نیازئی" کا لفظ اب یہاں "نیازی" کے تلفظ کے ساتھ مستعمل ہے۔

اس شجرے کے علاوہ بھی کتاب میں مجھے مصنف کے قبیلے اور خاندان کے دیگر بہت سے لوگوں کی زیارت ہوئی۔ مصنف کے خاندان کے ساتھ علی لغاری نام کا ایک اجنبی فرد بھی موجود تھا جو منہ بولے رشتوں کی صورت میں خونی رشتوں کے برابر آن کھڑا ہوا تھا۔ اس کتاب میں ایک جگہ میں نے دیکھا کہ مصنف اپنی ماں کی آغوش میں بیٹھ جانے کے لیے ماں کے سامنے بلک رہا ہے۔ ماں کی آغوش تسکین و تحفظ کا مقام ہے۔ اس اصرار میں بے بسی محسوس ہوئی۔ مجھے لگا کہ مصنف شاید تھکا ہوا ہے یا شاید ڈرا ہوا ہے اس لیے ماں کی گود میں پناہ لینے کا خواہاں ہے۔

مصنف کو میں نے کئی اہم شخصیات کی محفلوں کے علاوہ تخلیے میں بھی دیکھا۔ تخلیے میں وہ مختلف موضوعات پر خود کلامی کرتے نظر آئے۔ ان کی خود کلامی میں گنگناہٹ جیسا آہنگ موجود تھا۔ گنگناہٹ میں موجود موسیقیت کے سُر زیادہ پیچیدہ نہ تھے مگر اپنے اندر بھرپور کشش رکھتے تھے۔ تخلیہ انسان کی آرزوؤں اور خواہشات کے نخلستان کا نام ہوتا ہے۔ اس نخلستان میں بیٹھے ہوئے مصنف کی دو خواہشات مجھے نظر آئیں۔ صفحہ نمبر تیس کی آخری سطور میں رسول اللہ صلی اللہ علیہ وآلہ وسلم کی زیارت کی خوبصورت خواہش درج تھی جب کہ دوسری خواہش کا تعلق میری محسوسات سے ہے کہ مصنف اپنے لیے اولادِ نرینہ کی خواہش کی بجائے اپنی بیٹیوں کے لییان کے بھائی کی کمی محسوس کرتے ہیں۔

اس کتاب میں مصنف نے اپنی حقیقی زندگی سے متعلق کچھ یادگار تصاویر بھی شامل کی ہیں لیکن سرِورق کی تصویر میں جھانکتی پانچ آنکھوں کی تعداد اور زندگی کی الجھی راہوں جیسی شاخوں کا ایک جال بھی اپنے اندر ایک معنی خیزی لیے ہوئے ہے۔

مصنف کو زندگی میں ایک آدھ بار دیکھا ہے لیکن ان سے کبھی تفصیلی ملاقات نہیں

ہوئی، تاہم اس کتاب کے مطالعے سے مصنف کے مزاج و نفسیات کا ادراک ممکن ہوا۔ مجھے یہ سمجھنے میں دیر نہیں لگی کہ مصنف نے ہمیشہ اچھے لوگوں پر اپنی نظر مرکوز رکھی ہے۔ مثبت سوچ کی یہی نشانی ہے کہ مثبت سوچ والے انسان کا زیادہ دھیان مثبت چیزوں پر رہتا ہے۔ مصنف نے مثبت تشخص کی حامل شخصیات پر قلم اٹھایا اور ان شخصیات کے مثبت پہلوؤں کو زدِ قلم کیا ہے، چنانچہ ہم مصنف کو مثبت سوچ کا حامل شخص قرار دینے میں حق بجانب ہیں۔ مصنف معاشرے کا نقاد و جراح نہیں ہے بلکہ وجدان کا کیمرہ لیے پھولوں کی تصویریں بناتا پھرتا ہے۔ مصنف دوسروں کے کندھے پر سوار ہو کر خود کو نمایاں کرنے کی بجائے خوبصورت خد و خال کے حامل کچھ دوسرے لوگوں کی تصاویر کو اونچا کر کر کے انھیں نمایاں کر رہا ہے۔ مصنف جن لوگوں سے پیار کرتا ہے ان کے حصے کے پیار کے اظہار میں کنجوسی سے کام نہیں لیتا بلکہ سطر سطر سے ان کی محبتوں کے چشمے پھوٹ رہے ہیں۔ بڑا آدمی وہی ہوتا ہے جو اپنے ارد گرد پھیلے لوگوں سے اور اپنی مٹی سے محبتوں کے رشتے قائم کرنے میں کامیاب ہو جائے۔ اس لحاظ سے شفقت نیازی ایک بڑا آدمی ہے۔

* * *

کتاب شناسی کے نئے زاویے اور حقانی القاسمی

پروفیسر مناظر عاشق ہرگانوی

اردو میں تنقید، تجزیہ اور تبصرہ تین ایسے الفاظ ہیں جن کے ڈانڈے ایک دوسرے سے بہت حد تک ملتے ہیں۔ وجہ یہ ہے کہ مفہوم کے اعتبار سے تینوں ایک دوسرے کے عکاس ہیں۔ لفظیات کے اس جڑاؤ میں اردو والوں کی اپنی سہل پسندی ہے۔ ترسیلاتی اور حسیاتی پیکر کو ہم نے وابستہ کرلیا ہے اور منفرد اور ممیز ہونے کو صرف نظر کردیا ہے۔ اضطراب اور احساسات کی یہ نفسیات ہی ہے کہ کتابوں اور رسالوں پر تبصرہ کرنے کا رواج عام ہے تاکہ خوشبو کا قطرہ قطرہ سامنے آسکے، لطافتوں کا عمیق دریا موجزن ہوسکے اور قابل قبول رویے کی غمازی تک رسائی ہوسکے۔ اس طرح ذات اور تخلیق کی خودشناسی تک پہنچنے میں آسانی ہوجاتی ہے۔

فروری ۱۹۳۶ کے رسالہ "شاہکار" میں علامہ تاجور نجیب آبادی نے اصول تبصرہ بیان کیا تھا جسے یہاں دہرانا سودمند سمجھتا ہوں تاکہ "خوشگوار تعلق" کا فن واضح ہوسکے۔ کسی کتاب پر تبصرہ کرتے وقت حسب ذیل امور کو پیش نظر رکھنا چاہیے۔

۱۔ کتاب کا ناشر کون ہے؟

۲۔ کتاب کی قیمت حسب حیثیت ہے یا کم و بیش۔

۳۔ کتاب کا نام اس کے موضوع کے مطابق ہے یا نہیں؟ قاری یا خریدار کو اس نام

سے دھوکہ تو نہیں ہو سکتا؟

۴۔ کتاب کی تقطیع اور ضخامت کتنی ہے اور اس کی طباعت و کتابت کیسی ہے؟

۵۔ کتاب کا موضوع کیا ہے۔ اور وہ کن لوگوں کے لیے موزوں ہے؟

۶۔ کتاب کی خصوصیت کیا ہے؟ بیان یا خیالات یا جذبات؟ یہ خصوصیات موضوع سے مطابقت رکھتی ہیں یا نہیں؟ مثلاً سفر نامے میں احوال و کوائف کو خصوصیت حاصل ہونی چاہیے۔ فلسفے میں خیالات کو اور شاعری میں جذبات کو۔ اس کے ساتھ یہ بھی دیکھنا چاہیے کہ خصوصیت کتاب اعتدال سے تجاوز تو نہیں کر گئی ہے۔ مثلاً سفر نامے میں بیان کو اس قدر طویل تو نہیں کر دیا گیا ہے کہ غور و فکر کی گنجائش بھی باقی نہ ہو؟ یا فلسفے کی کتاب میں اتنے ٹھوس خیالات تو نہیں ہیں کہ ان میں بیانات و جذبات کا مطلق دخل نہ ہو۔

۷۔ بیان کے بارے میں یہ دیکھنا ضروری ہے کہ جو تصویریں کھینچی گئی ہیں آیا وہ صحیح اور واضح ہیں؟ وہ تجربات کا نتیجہ ہیں یا خیالات کا؟ اگر طبع زاد ہیں تو ممکن ہیں یا ناممکن؟ کیا ان تصویروں کے لیے مصنف نے ناظرین کو پہلے سے تیار کر دیا ہے؟ یعنی کتاب میں ایسی بات تو نہیں ہے جس کے لیے پڑھنے والا پہلے سے تیار نہ ہو؟ کیا بیانات میں کچھ دلچسپی ہے؟ کیا ان میں کچھ رواج کی آمیزش ہے؟ اگر ہے تو موزوں ہے یا ناموزوں؟ کیا بیانات میں باہم تناسب و تطابق ہے؟ کیا ان میں کوئی عمل ہے؟ اور ہے تو سمجھ میں آتا ہے یا نہیں؟

۸۔ خیالات کی نسبت یہ جاننا ضروری ہے کہ وہ قدیم ہیں یا جدید۔ مصنف کی مرجح رائے کیا ہے؟ دوسری رائیں اس سے مطابقت کرتی ہیں یا نہیں! مصنف اپنے اصل خیال کے اظہار میں کہاں تک کامیاب ہوا ہے۔

۹۔ جذبات کے بارے میں یہ جاننا چاہیے کہ وہ فطری ہیں یا غیر فطری؟ جذبۂ خاص کیا ہے اور دوسرے جذبات اس کی مطابقت کرتے ہیں یا نہیں؟

۱۰۔ مصنف اپنے بیان میں خیالات و جذبات کے اظہار میں فریب تو نہیں دے رہا ہے۔ اس نے جو کچھ لکھا ہے اس پر اسے خود اعتماد و اعتبار ہے یا نہیں؟ اگر مصنف کا کوئی مقصد ہے تو کیا ہے؟

۱۱۔ تصنیف میں مصنف کی شخصیت کا کتنا اثر ہے؟ وہ اپنی سر گزشت لکھتا ہے یا دنیا کی داستان؟ کتاب میں موجودہ سوسائٹی کا کتنا عکس ہے؟

۱۲۔ زبان اور طرز تحریر کے بارے میں یہ جاننا چاہیے کہ کیا مصنف نے مروجہ زبان استعمال کیا ہے؟ کیا زبان میں اس کا خاص رنگ موجود ہے؟ زبان میں قواعد زبان کی پابندی کی گئی ہے یا نہیں؟ زبان غیر واضح تو نہیں ہے کہ ایک جملہ کے دو معنی لیے جا سکیں؟ کیا الفاظ کی کثرت تو نہیں ہے؟ کیا خیالات و جذبات کا توازن درست ہے؟

۱۳۔ کتاب کا جمہور پر کیا اثر پڑے گا؟ لوگ اسے سمجھ سکیں گے یا نہیں؟ کیا اس سے علم و عقل میں کچھ اضافہ ہو گا؟ اس سے تعلیم و تعلم و دلچسپی دونوں چیزیں حاصل ہوتی ہیں یا ایک؟ یا ایک بھی نہیں؟ کتاب اپنے مقصد میں کامیاب ہو سکی ہے یا نہیں؟ خود تبصرہ نگار پر اس کتاب کا کیا اثر پڑا ہے؟

مندرجہ بالا اصول کتابی ہیں۔ یہ وسیلے مبصر کو متوجہ نہیں کرتے بلکہ صرف اثباتی قدروں تک پہنچتے ہیں اور سکون آشنا بناتے ہیں۔

حقانی القاسمی اردو تنقید کا اہم نام ہے۔ ان کی تنقید کی بڑی خوبی یہ ہے کہ وہ برہمی، خفگی اور ضعیف الاعتقادی سے کام نہیں لیتے بلکہ دیانتداری سے ذہنی صحت مندی کو تنقید میں بروئے کار لاتے ہیں۔

حقانی القاسمی صحافت سے جڑے رہے ہیں اس لیے بھی کتابوں پر تبصرے کرتے رہے ہیں۔ وہ موضوع کے نتائج پر پہنچ کر روشن پہلو کا انکشاف اپنے تبصرے میں کرتے ہیں۔ تخلیق کے بطون تک رسائی حاصل کر کے حقیقی قدر و قیمت کا تعین کرنا ان کی تبصرہ نگاری کی پہچان ہے۔ چونکہ وہ وسیع مطالعہ اور وسیع القلمی سے لبریز ہیں اسی لیے تبصرہ کو باز آفرینی کا وسیلہ بنا دیتے ہیں۔ تبصراتی جوہر کے لمس سے نکتہ ہائے نگاہ کو اظہار و فن بنانا انہیں خوب آتا ہے۔ وہ کتاب یا تخلیق کی سانس لیتی زندگی کی دھڑکنوں کو سن کر محسوس کر کے احتیاط و سلیقہ مندی سے لفظیات کا پیراہن بخشتے ہیں اور تبصرے کو صفحۂ قرطاس پر اتارنے کے لیے احساسات کی شدت اور مشاہدۂ نظر کو بروئے کار لاتے ہیں۔ نئے افق سے آشنائی کی ایک مثال پروفیسر ارتضی کریم کی کتاب "اردو فکشن کی تنقید" پر حقانی القاسمی کے تبصرہ سے یہ اقتباس ملاحظہ کریں:

"فکشن کا المیہ یہ ہے کہ نہ اس کی شعریات منظم و مربوط طور پر مرتب کی گئی ہے۔ نہ ہی ایسے اصول و ضوابط وضع کیے گیے ہیں جو شاعری کی تنقید سے مختلف ہوں اسی لیے عمومی تاثر یہ ہے کہ شاعری کی تنقید کے مقابلے میں فکشن کی تنقید کمزور ہے۔ فکشن کے باب میں یوں بھی ایسی معروضی تنقید کم ہے جس میں زبان کے تفاعل اور متن کے ساختیے پر گفتگو ہو۔ زیادہ تر فکشن ناقدین بیانیے کی تعبیر اور تشریح میں الجھ کر رہ جاتے ہیں اور فکشن کے نظری قضایا اور عملی اطلاقات نظر سے اوجھل ہی رہتے ہیں۔ ایسی صورت میں اردو فکشن کی تنقید کے حوالے سے ایک ایسی کتاب کی ضرورت تھی جس میں فکشن تنقید کے تمام تر تناظرات اور ارتقائی سفر کا جائزہ لیا گیا ہو۔ پروفیسر ارتضی کریم کو یہ اولیت حاصل ہے کہ انھوں نے اردو فکشن کی تنقید کو اپنا موضوع اور محور بنایا اور فکشن تنقید کے تعلق سے جتنا بھی سرمایہ اردو ادب میں موجود ہے۔ اس کا محاسبہ اور محاکمہ کرتے ہوئے

کچھ ایسے نتائج بر آمد کیے جس سے یہ اندازہ ہوا کہ اردو میں افسانے کی تنقید کم ضرور لکھی گئی ہے مگر اتنی بھی نہیں کہ افسانہ نگاروں کو یہ شکایت ہو کہ اس صنف کی طرف ناقدین کی توجہ کم رہی ہے۔ ارتضی کریم نے اپنی کتاب اردو فکشن کی تنقید میں اردو میں فکشن تنقید سے متعلق لکھی گئی کتابوں اور مقالوں کے مباحث کا بہت ہی عمدہ تجزیہ کیا ہے اور افسانوی ادب کی تنقید کے ارتقائی سفر کا مکمل منظر نامہ پیش کیا ہے۔"

حقانی القاسمی نے اس تنقیدی کتاب کی اثر آفرینی، معنویت اور تہہ داری کو اجاگر کیا ہے۔ لیکن اپنے تبصرے میں انھوں نے ایک گرفت بھی کی ہے۔

"یہ کتاب شاید بہت پہلے لکھی گئی تھی اس لیے اس میں وہ تمام مقالے اور کتابیں شامل نہیں ہیں جو دو ہزار کے بعد فکشن تنقید کے حوالے سے منظر عام پر آئی ہیں۔"

یہاں حقانی القاسمی اور قارئین کی جانکاری کے لیے عرض ہے کہ ڈاکٹر ارتضی کریم کی یہ کتاب پہلی بار تخلیق کار پبلشرز دہلی سے ۱۹۹۶ میں شائع ہوئی تھی۔ پھر ۱۹۹۷ء میں پاکستان سے شائع ہوئی۔ اور ۲۰۱۶ء میں قومی اردو کونسل برائے فروغ اردو زبان دہلی نے شائع کی ہے۔ تبصرہ لکھتے وقت حقانی القاسمی کے پیش نظر قومی کونسل والا ایڈیشن رہا ہے۔

غالب کی شاعری پر اور ان کے خطوط پر بہت لکھا گیا ہے اور نئی جہتیں تلاش کی گئی ہیں۔ لسانی مباحث کے حوالے سے بھی بحثیں ہوئی ہیں اور املا و علم عروض کے اشارات و نکات بھی تلاش کیے گئے ہیں۔ ڈاکٹر مشیر احمد کی کتاب "خطوط غالب کے ادبی مباحث" شائع ہوئی تو اس میں مفرد اور مرکب الفاظ کے بارے میں قابل توجہ کام کی خوبیوں کو بیحد سراہا گیا کیونکہ ادب اور لسانیات کے تعلق سے غالب کے خیالات پر روشنی ڈالی گئی ہے۔ حقانی القاسمی خود بھی زبان پر دسترس رکھتے ہیں اس لیے نئی اظہاریت کے عناصر کو پیش نگاہ رکھ کر ڈاکٹر مشیر احمد کی کتاب پر تبصرہ کرتے ہوئے لکھتے ہیں:

' تحلیل، تدوین اور تکوین تحقیق کے تلازمے ہیں اور یہی تلازمے تحقیق کو استناد عطا کرتے ہیں۔ ڈاکٹر مشیر احمد کی کتاب "خطوط غالب کے ادبی مباحث" میں تحقیق کے یہ عناصر نمایاں ہیں، اس لیے تحقیق کے نقطۂ نظر سے تو یہ کتاب اہم ہے ہی ویسے اس کی معنویت بھی مسلم ہے کہ پہلی بار نثر غالب کی منطق اور منطقے پر ایک نئے زاویے سے تحقیق کی گئی ہے۔"

حقانی القاسمی اپنے تبصرے میں جس دانشورانہ عمل سے دستخط ثبت کرتے ہیں اس سے معلومات میں اضافہ ہوتا ہے ۔ معین احسن جذبی کی کتاب "حالی کا سیاسی شعور" تنقیدی ڈسکورس کا حصہ ہے جسے حالی کے حوالے سے جذبی نے دریافت کیا ہے ہ حالی اپنے عہد کے مسائل سے آگاہ تھے ان کے تعلیمی تصورات کی نوعیت جداگانہ ہے اور وہ جس منزل کی نشاندہی کرتے ہیں اس کے امتیازات الگ ہیں، اس کتاب پر تبصرہ کرتے ہوئے حقانی القاسمی نے سیاسی، مذہبی اور سماجی کشمکش اور حالی پر جذبی کے نظریے کی ایک طرح سے وضاحت کی ہے:

" سرسید اور حالی کے سیاسی افکار میں نقطۂ افتراق کی تلاش ہی معین احسن جذبی کی اس کتاب کا اختصاص ہے، یہ اس حالی کی دریافت ہے جس کا سیاسی، سماجی، تعلیمی اور صنعتی شعور بہت بالیدہ تھا۔ جس نے مشینی صنعت اور آزاد تجارت کی اہمیت کا احساس دلاتے ہوئے یہ لکھا تھا کہ "جس ملک یا قوم کا دارومدار ملازمت پر ہوتا ہے وہ مرفہ الحال نہیں ہوسکتی۔ ان کی قدرتی قوتیں ہمیشہ پژمردہ رہتی ہیں اور رفتہ رفتہ بالکل فنا ہوجاتی ہیں، لیکن جہاں صنعتوں اور حرفتوں کا دروازہ کھل جاتا ہے وہاں یہ سمجھنا چاہیے کہ قومی زندگی کی بنیاد پڑ گئی ہے۔" اگر یہ کتاب نہ لکھی جاتی تو ہماری نسل حالی کی آدھی ادھوری شخصیت سے ہی آگاہ ہوجاتی، معین احسن جذبی کا یہ کارنامہ قابل فخر ہے کہ انھوں نے

ادبی معاشرے کو مکمل حالی سے متعارف کرانے کی کوشش کی اور ان کے کلام سے ان کی تخلیقی شخصیت کے علاوہ سیاسی شخصیت کا سراغ لگانے میں کامیابی حاصل کی۔ یہ کتاب صرف حالی کی سیاسی بصیرت کی مکمل شہادت ہی نہیں بلکہ معین احسن جذبی جیسے ترقی پسند شاعر کی گہری بصیرت کا بھی ثبوت ہے۔"

انسانی اقدار، اخلاقی معیار، سادگی، سلاست، روانی، سوز و گداز، جدت، ندرت، شگفتگی اور شائستگی جیسے الفاظ فیض احمد فیض کی شاعری کے لیے مختص ہیں، ان کی سوچ کا کینوس بڑا ہے اسی لیے پہلودار ہے اور گہرائی و گیرائی لیے ہوئے ہے۔ مرغوب علی نے کتاب "فیض احمد فیض احوال وافکار" مرتب کی جس میں تعین قدر کا ایک الگ معیار ہے۔ اس کتاب میں قرۃ العین حیدر، اختر جمال، خدیجہ بیگم، اندر کمار گجرال، ایلس فیض، جعفر علی خاں اثر، رشید حسن خاں، حمید نسیم، ظ۔ انصاری، راہی معصوم رضا، باقر مہدی، آغا سہیل، مسعود حسن خاں، شمس الرحمن فاروقی، گوپی چند نارنگ، کلیم الدین احمد، احتشام حسین، شوکت سبزواری، سلیم اختر، ساقی فاروقی، اختر شاہجہانپوری، احمد ندیم قاسمی، طاہر مسعود، مشفق خواجہ، سرفراز اقبال اور انیس امروہوی کی تحریریں بالترتیب شامل ہیں، اس کتاب پر تبصرہ کرتے ہوئے حقانی القاسمی نے سبھی مضامین پر مختصراً روشنی ڈالی ہے اور فیض کے یہاں خوبی اور خامی کے نکات سے آشنا کرایا ہے۔ اس کتاب میں دونوں پہلو کی نشاندہی کرنے والے مضامین شامل ہیں۔ حقانی القاسمی نے اپنی مبصرانہ صلاحیت کو بروئے کار لاتے ہوئے لکھا ہے:

"تنقید میں بونوں کو بانس پر چڑھانے کی روش عام ہو چکی ہے۔ اسی لیے تنقید کی میزان میں محاسن اور معائب دونوں کو پرکھنا چاہیے اور یہی تعین قدر کا صحیح معیار ہے۔ مرغوب علی نے اپنی مرتب کردہ کتاب "فیض احمد فیض، احوال و فکار" میں ایسی

تحریریں جمع کی ہیں جن سے فیض کی مکمل تخلیقی شخصیت سامنے آسکے۔ اسی لیے انھوں نے بعض وہ تحریریں بھی شامل کی ہیں جو فیض کے حق میں نہیں جاتیں مگر اس سے فیض احمد فیض کی ایک جہت روشن ہوتی ہے۔ فیض کو اردو شاعری میں جو محبوبیت ملی ہے وہ بہت کم شخصیتوں کو نصیب ہوتی ہے۔"

اردو فکشن میں عصمت چغتائی بے باک، جنسی اور نفسیاتی حقیقت نگار، عورتوں کو وجودیاتی تشخص کا عرفان عطا کرنے والی اور نسائی معاشرے کو نئی فوٹوگرافی سے دیکھنے والی قلمکار کی حیثیت سے جانی جاتی ہیں۔ انھوں نے جہالت اور ناخواندگی، بے جارسم، معاشی پسماندگی، جنسی ناآسودگی، جہیز، ذات پات، تحریک آزادی، تقسیم ہند اور فسادات کو اپنے افسانوں اور ناولوں کا حصہ بنایا ہے جن میں خصائل اور خصائص کو ملحوظ رکھا ہے۔ ڈاکٹر توحید خاں کی کتاب "عصمت چغتائی: فکر و فن" پر تبصرہ کرتے ہوئے حقانی القاسمی نے اس کتاب کے چاروں ابواب پر تفصیل سے روشنی ڈالی ہے اور ایک توانا آواز کے آفاقی پیغام کی ترجمانی کا مطالعہ پیش کیا ہے:

"ڈاکٹر توحید خاں نے ان چاروں ابواب میں اپنی مطالعاتی وسعت، تفہیمی قوت اور گہری علمیت کا بھرپور ثبوت دیا ہے۔ انھوں نے عصمت چغتائی کے افسانے کی روح میں اتر کر ان مسائل اور موضوعات کو تلاش کیا ہے جو ان کے افسانے میں پنہاں تھے۔ یہ مسائل سماج کے ہیں اور ظاہر ہے کہ عصمت چغتائی نے سماجی رسومات اور رویوں سے بغاوت کی تھی اور سماج کی عمومی فکر سے انحراف بھی کیا تھا، اس لیے مسائل اور موضوعات کے حوالے سے عصمت چغتائی کا مطالعہ واقعتاً ایک اہم باب کی بازیافت اور ایک نئے زاویے کی جستجو ہے۔ ڈاکٹر توحید خاں اپنے اس مطالعے میں اس اعتبار سے کامیاب ہیں کہ انھوں نے "سماج کے اہم مسائل کو عصمت چغتائی کے فکری تناظر میں

دیکھا اور ان مسائل کی تخلیقی تعبیریں تلاش کیں۔"

حقانی القاسمی نے سینکڑوں تبصرے کیے ہیں اور نئی پرانی شخصیتوں اور اصناف پر لکھی کتابوں کو استناد و اعتبار بخشا ہے۔ انھوں نے آفاقی پہلو پر نظر رکھی ہے۔ حقائق کی تلاش کی ہے، منطقی استدلال کے دائرے کو وسیع کیا ہے اور تبصراتی سرمایے میں وسیع پیمانے پر اضافہ کیا ہے۔ اردو کے دقیقہ سنج مترجم، محقق، ناقد اور لغت نویس ڈاکٹر عصمت جاوید کے انتقال کے بعد ان کی بکھری ہوئی تخلیقات کو ان کی بیگم منور جہاں اور محمد اسلم غازی نے "باقیات عصمت جاوید" کے نام سے شائع کیا ہے جس پر حقانی القاسمی نے فکر انگیز اور معنی خیز تبصرہ کیا ہے۔ "باقیات عصمت جاوید" پر تبصرہ کرتے ہوئے حقانی القاسمی رقمطراز ہیں:

"اس کتاب میں مختلف نوعیت کے مضامین شامل ہیں، بیشتر تحریریں ایسی ہیں جن سے قاری کو ایک نئے زاویہ نظر سے آگہی ہوتی ہے۔ اور ان کی معلومات کا دائرہ بھی وسیع ہوتا ہے۔ جو چند مضامین علمی اور ادبی اذہان کے لیے فکر انگیز اور معنی خیز ہو سکتے ہیں ان میں فن لغت نویسی، مسئلہ ارتقا، وہ روف کا نظریۂ لسانیات اور تصور کائنات، زبانوں کی نوعیتی گروہ بندی، مراٹھی شاعری، پوواڑے اور لاؤنیاں، قرۃ العین حیدر سرزمین ایران کی قلوپطرہ اہم ہیں، ان کے علاوہ بھی اصناف سخن کے تعین کا مسئلہ، فن تاریخ گوئی، حروف علت کا سقوط، املا نامہ، معیاری زبان کا تعین، اردو ادب میں رومانی تحریک، رباعی کے اوزان، طریقہ مہمل، ملک محمد جائسی کی پدماوت، اقبال اور مناظر قدرت، اقبال کا شعری اسلوب اہم مضامین ہیں۔"

عصمت جاوید بین علومی مطالعات پر گہری نظر رکھتے تھے۔ انھوں نے اپنے مضامین میں مطالعاتی ارتکاز اور گہری علمیت کا ثبوت پیش کیا ہے۔ مسئلہ ارتقا پر ان کے

ایک مضمون پر تبصرہ کرتے ہوئے حقانی القاسمی لکھتے ہیں:

"مسئلہ ارتقا پر مضمون بہت تحقیقی اور استدرا کی نوعیت کا ہے جس میں انھوں نے بہت سی غلط فہمیوں کے ازالے کی کوشش کی ہے۔ انھوں نے دلائل سے واضح کیا ہے کہ "تصور ارتقا کا باوا آدم ڈارون نہیں تھا۔"

انھوں نے لکھا ہے کہ نظریۂ ارتقا کا سراغ ہمیں قبل مسیح بھی ملتا ہے۔ اگر تاریخ فلسفہ میں اس نظریہ کی کھوج لگائی جائے تو ہمیں معلوم ہو گا کہ افلاطون اور ارسطو سے بہت قبل چند یونانی فلسفی یہ نظریہ اپنی ابتدائی شکل میں پیش کر چکے تھے۔ اسپارن کی تصنیف "یونانیوں سے ڈارون تک" کی ورق گردانی سے معلوم ہوتا ہے کہ الیگزنڈر نے پہلی بار بتایا کہ ابتدا میں ہمارا کرہ دیگر اجرام کی طرح سیال تھا۔ پھر عمل تبخیر کے باعث خشکی نمودار ہوئی۔ انھوں نے یہ بھی تحریر کیا ہے کہ "جاحظ پہلا شخص ہے جس نے اپنی مایہ ناز تصنیف ""کتاب الحیوان" میں پرندوں کے نقل مکانی کے باعث پیدا ہونے والی تبدیلیوں کی طرف اشارہ کیا، اس کے بعد گیارہویں صدی میں ابن مسکویہ نے پہلی بار اسے ایک مستقل نظریہ کی صورت میں اپنی کتاب 'الفوزان الاصغر' میں پیش کیا۔

حقانی القاسمی کے تبصرے مختلف جہتوں سے آگاہی پہنچاتے ہیں۔ گہری علمیت کا ثبوت دیتے ہیں۔ زبان کے معنیاتی پہلو سے نیا رشتہ جوڑ کر معانی کو نئی سمت دیتے ہیں اور بیان کے اسرار سے مفہوم کو اعتماد بخشتے ہیں، ان کے تبصرے تفصیلی ہوتے ہیں جن میں انفرادیت کے واضح نقوش ملتے ہیں۔

***

خان محبوب طرزی: لکھنؤ کا ایک مقبول ناول نگار
محمد اویس سنبھلی

خان محبوب طرزی (۱۹۱۰۔۱۹۶۰) کا شمار اردو کے ان ناول نگاروں میں ہوتا ہے جو نہ صرف بہت مشہور تھے بلکہ انھوں نے سیکڑوں ناول لکھے۔ ایک عرصہ تک وہ نسیم بک ڈپو، لکھنؤ سے وابستہ رہے نیز کچھ برس ادارہ فروغ اردو، لکھنؤ سے ان کی وابستگی رہی۔ انھوں نے تاریخی، جاسوسی، مہماتی اور سائنسی موضوعات پر ناول تحریر کیے۔ طرزی کو سائنس فکشن کا موجد کہا جاتا ہے۔ ان کا پہلا سائنسی ناول 'سفر زہرہ' ہے جو ماہنامہ 'سر پنچ' میں قسط وار شائع ہوا تھا۔ ان جملہ خصوصیات کی بنا پر ڈاکٹر عمیر منظر کی کتاب 'خان محبوب طرزی: لکھنؤ کا ایک مقبول ناول نگار' دیکھ کر نہایت مسرت ہوئی ہے کہ طرزی جو کہ اردو فکشن میں لکھنؤ کی آبرو کہے جا سکتے ہیں انھیں یاد کرنے والے لوگ موجود ہیں۔

یہ کتاب طرزی کی زندگی اور ان کے فن پر خوب صورت احاطہ ہے۔ ساٹھ کی دہائی کے وہ قلم کار جو طرزی کے دوست بھی تھے اور اہم ناول نگار بھی ان تمام کے مضامین کو یکجا اور ان کی درجہ بندی کر کے مختلف ابواب میں تقسیم کر دیا گیا ہے۔ اس سے جہاں طرزی کی شخصیت اور ان کی زندگی پر روشنی پڑتی ہے وہیں ان کے فکر و فن کا بھی احاطہ ہو جاتا ہے۔ طرزی کے بعض ناولوں کا تجزیہ بھی بعض مضامین میں شامل ہے۔ ان کی صحافتی زندگی اور دوستداری کے قصے بھی ان صفحات میں آ گئے ہیں۔ اس کے علاوہ ناول

اور فن سے متعلق طرزی کی تحریروں کو ایک باب میں جمع کر دیا گیا ہے۔ جنگ آزادی اور لکھنؤ، محکمہ ڈاک کی ابتدا اور لکھنؤ کی ریزیڈنسی جسے موضوعات پر طرزی کی تحقیقی تحریروں پر مشتمل ایک باب ہے۔ اس کے علاوہ ناول 'سفر زہرہ' اور افسانہ 'زینب خطیبہ' بھی شامل کتاب ہیں۔ چونکہ عام طور پر طرزی کے ناول دستیاب نہیں ہیں اور انھیں سائنس فکشن کا بانی کہا جاتا ہے اس لیے ناول کے اس انتخاب سے قاری پر خوش گوار اثرات مرتب ہوں گے اور طرزی کے اسلوب سے براہ راست واقف ہو جائیں گے۔

فکشن کے علاوہ ان کی بعض دیگر تحریریں بھی بطور نمونہ دی گئی ہیں چونکہ یہ تحریریں کمیاب نہیں بلکہ نایاب کے درجے میں ہیں اس لیے کتاب میں آجانے سے یہ محفوظ ہو جائیں گی۔

کتاب کا مقدمہ بہت اہم اور تحقیقی ہے۔ فاضل مرتب نے مطالعہ کے بعد طرزی کی سوانح اور شخصیت پر جہاں قلم اٹھایا ہے وہیں ان کی ابتدائی ادبی زندگی اور ناول نگاری کے حوالے سے بھی بہت کار آمد باتیں لکھ دی ہیں۔ پروفیسر سید احتشام حسین اور پروفیسر شارب ردلوی اور جناب حفیظ نعمانی کے مضامین ایک طرح سے دریافت کا درجہ رکھتے ہیں ۔اول الذکر دونوں مضامین ان ادیبوں کی کسی بھی کتاب میں شامل نہیں ہیں اس تلاش کے لیے بلاشبہ فاضل مرتب مبارک باد کے مستحق ہیں۔ مختلف اداروں سے طرزی کی وابستگی اور ان کے ناولوں کی تعداد پر بھی روشنی ڈالی گئی ہے۔

لکھنؤ کا عام ذکر شاعری کے حوالے سے کیا جاتا ہے اور یہی اس کی شناخت بھی ہے مگر اس کتاب کے مطالعے سے یہ باور کرنا پڑے گا کہ افسانوی ادب میں بھی دبستان لکھنؤ کی نمایاں خدمات رہی ہیں۔ یہ الگ بات ہے کہ اب تک کسی نے اس حوالے سے خاطر خواہ توجہ نہیں دی ہے۔

اودھ اور لکھنؤ کے حوالے سے الگ الگ انداز سے یوں تو بہت سے کام ہو چکے ہیں اور ہو بھی رہے ہیں لیکن اس کام میں ایک شخص کو بنیاد بنا کر ان کی خدمات کا اس طرح احاطہ کیا گیا ہے کہ اس میں خان محبوب طرزی کی شخصیت، ان کا فن اور ان کی ادبی خدمات پوری طرح اجاگر ہو رہی ہے۔ اس لحاظ سے عمیر منظر مبارک باد کے مستحق ہیں کہ انھوں نے یہ کام اس قدر منظم طریقہ سے کیا ہے کہ پڑھنے والا اپنی پسند کے لحاظ سے کتاب کے جس حصہ سے چاہے شروع کر سکتا ہے۔ عموماً شخصیت اور فن کے حوالے سے کام کرنے کے دوران تعریف اور مدح سرائی کا پہلو زیادہ حاوی رہتا ہے یا اسے زیادہ بڑا بنا کر پیش کیا جاتا ہے لیکن اس کتاب میں معاصرین کی آراء یا ان کے مضامین کے ساتھ ساتھ طرزی کی تحریریں بھی شامل ہیں جس سے قاری اپنی رائے کے لیے آزاد ہے۔

عمیر منظر نے کئی برسوں کی محنت اور کوشش کے بعد اس کام کو مکمل کیا ہے اس کا اندازہ کتاب کے مطالعہ سے بھی ہوتا ہے اور ادیب شہیر شمس الرحمٰن فاروقی نے پیش لفظ میں بہت واضح انداز میں اس طرف اشارہ کیا ہے۔ وہ لکھتے ہیں۔

"میں سمجھتا تھا کہ طرزی صاحب کو آج کوئی نہیں جانتا۔ اور مجھے اس کا رنج بھی تھا کہ اس زمانے میں اردو نے کئی مقبول ناول نگار دنیا کو دیئے تھے۔ رشید اختر ندوی، رئیس احمد جعفری، قیسی رامپوری، اے۔ آر۔ خاتون، اور ان سے ذرا پہلے منشی فیاض علی اور ایم۔ اسلم۔ ان میں کوئی ایسا نہ تھا جو خان محبوب طرزی کی طرح کا ابداع اور تنوع رکھتا ہو۔

ہم سب کو عمیر منظر کا شکر گذار ہونا چاہیے کہ انھوں نے خان محبوب طرزی کی تحریروں کو یکجا کرنے کا شائع کرنے کا بیڑا اٹھایا۔ اس طرح ماضی قریب کا ایک قیمتی سرمایہ محفوظ ہو گیا اور شاید اس طرح خان محبوب صاحب کے کارناموں سے دنیا دوبارہ واقف ہو

سکے۔ عمیر منظر نے یہ کام کئی برس کی تلاش اور محنت سے انجام دیا ہے۔ ان کا دیباچہ بھی پڑھنے کے لائق ہے۔"

فاروقی صاحب کو اس کتاب کی اشاعت کا شدت سے انتظار تھا۔ افسوس! کتاب کی اشاعت سے قبل فاروقی صاحب بھی دار آخرت کو کوچ کر گئے۔

ہم کتاب کی اشاعت پر ڈاکٹر عمیر منظر کو دلی مبارکباد پیش کرتے ہیں۔ غالباً ۲۰۱۷ء سے ڈاکٹر عمیر منظر طرزی پر کام کر رہے تھے۔ تقریباً ۴ر برس کی محنت کے بعد یہ کتاب منظر عام پر آئی۔ مجھے امید ہی نہیں یقین کامل ہے کہ ادبی حلقوں میں کتاب کو پذیرائی حاصل ہو گی۔ خان محبوب طرزی لکھنؤ کے ایک مقبول ناول نگار تھے۔ اہل لکھنؤ کی طرف سے ڈاکٹر عمیر منظر نے فرض کفایہ ادا کیا ہے۔ کتاب 'پاریکھ بکڈپو، ندوہ روڈ، لکھنؤ (رابطہ: ۹۸۳۹۴۵۶۷۸۶) سے حاصل کی جا سکتی ہے۔

***

ابوذر جونپوری کے نعتیہ مجموعہ "منزل منزل سایہ" کا جائزہ

افسانہ جونپوری

نعت گوئی کو اردو کی مختلف اصناف سخن کے درمیان ایک بہت ہی اہم، بلند اور پاکیزہ مقام حاصل ہے۔ صنفِ نعت ایک ایسا فن ہے جس میں منظوم انداز میں نبی کریم صلی اللہ تعالیٰ علیہ وسلم کی تعریف بیان کی جاتی ہے۔ اس کا آغاز یوم میثاق سے ہی ہو چکا تھا۔ قادر مطلق جل شانہ نے قرآن حکیم میں جابجا اپنے محبوب مکرم صلی اللہ تعالیٰ علیہ وسلم کے اوصاف وکمالات کو بیان فرماکر محبین نبی کو نعت گوئی کا سلیقہ وشعور بخشا ہے۔ اللہ تبارک وتعالی نے متعدد مقامات پر اپنے محبوب پیغمبر اکرم صلی اللہ تعالیٰ علیہ وسلّم کی شان ومقام کی بلندی کو انسانوں کے سامنے واضح فرماتے ہوئے ارشاد فرمایا" ورفعنا لک ذکرک "یعنی ہم نے آپکے ذکر کو بلندی بخشی، اور کہیں یوں فرمایا" وانک لعلی خلق عظیم " مطلب آپ اخلاق کے عظیم مرتبے پر فائز ہیں، کہیں یوں فرمایا

وما ارسلنک الا رحمۃ للعالمین" کہ ہم نے آپکو سارے جہانوں کے لیے رحمت بنا کر بھیجا ہے۔ کہیں پر یوں فرمایا" انا ارسلناک شاھدا ومبشرو ونذیرو "یعنی اے نبی ہم نے آپکو گواہ بنایا ہے ،ہم نے آپکو خوش خبری سنانے والا اور آخرت میں جو عذاب منکروں ،کافروں اور باغیوں کے لیے ہے۔ اس سے ڈرانے والا بنا کر بھیجا ہے۔ اللہ رب العزت نے قرآن مجید میں اپنے محبوب کا ذکر جمیل پیرائیہ نعت میں کیا ہے۔ یہ امر قابل غور ہے

کہ خالق کائنات نے براہ راست حضور صلی اللہ تعالیٰ علیہ وسلم کا نام گرامی محض چند مقامات پر ھی لیاہے، اکثر و بیشتر محبت بھرے انداز میں پیارے اوصاف سے مخاطب کیا ہے۔ کبھی یس وطہ کہہ کر پکارا، کبھی مزمل ومدثر کہہ کر مخاطب کیاہے۔

صنف نعت کو بام عروج پر پہنچانے میں صحابہ کرام،ازواج مطہرات، اہل بیت اطہار، تابعین، تبع تابعین، ائمہ مجتہدین، سلف صالحین، اغواث، اقطاب، ابدال، اولیاء، صوفیاء، علماء اور بلا تفریق مذہب وملت شعراء وادباء کا ایک لامتناہی سلسلہ ہے۔ اسی سلسلے میں ایک نام محترم ابوذر انصاری صاحب کا بھی ہے۔ جنہوں نے اس پاکیزہ صنف کا استعمال کرتے ہوئے بارگاہ محبوب کردگار صلی اللہ تعالیٰ علیہ وسلم سے اپنی عقیدت، محبت، اور تصوف سے لبریز اپنے دلی جذبات کو نعتیہ پیرائے میں قلمبند کرنے کی کوشش کی ہے۔

محترم ابوذر انصاری ۱۵ جون ۱۹۵۶ کو ضلع جونپور کے محلہ تاڑ تلہ میں پیدا ہوئے۔ انہوں نے ادیب کامل ،بی ٹی سی ،بی۔ اے کی تعلیم حاصل کی اور درس و تدریس سے وابستہ ہوگئے اور ۳۱مارچ ۲۰۱۹ میں اپنے پیشے سے ریٹائرڈ ہوئے۔ کم عمری سے ہی انہیں مطالعہ شعر و ادب کا شوق تھا۔ دین و مذہب ، خدمت خلق اور دیگر بہت سے میدانوں سے ان کی دلچسپیاں رہیں، لیکن اردو شعر و ادب سے ان کی وابستگی بہت ہی شدید تھی۔ درس و تدریس کے پیشے سے تعلق کی وجہ سے اس میں دن بدن نکھار آتا رہا۔ ان کی شخصیت میں اور بہت سی خوبیاں و کمالات ہیں۔ اس پر دیگر اصحاب فضل وکمال روشنی ڈال چکے ہیں، لیکن ناچیز کی نظر میں جو خوبی حیرت انگیز ہے وہ یہ ہے کہ موصوف نہایت سادہ وسنجیدہ طبیعت کے مالک ہیں، اس قدر قریب رہتے ہوئے بھی ہم جیسی طالبات کو احساس بھی نہ ہوسکا کہ ہم کس قدر عظیم ہستی کے جوار میں ہیں۔ موصوف کے اس اخفائے حال

کا نقصان یہ ہوا کہ اب تک ہم کسی بھی طرح کے استفادہ سے محروم رہے۔ لیکن ان شاء اللہ آئندہ اس کی تلافی کی کوشش کی جائیگی۔

ویسے تو محترم کی مشغولیت فاونڈر سکریٹری ، بزم ارباب سخن جونپور ، ناظم المجمع الکرامتیہ تاڑ تلہ جونپور، خزانچی شاہی عید گاہ جونپور رہے۔ پھر بھی موصوف ان مشغولیات کے باوجود اردو شعر وادب کی خدمات کے لئے اپنے آپ کو وقف کئے ہوئے ہیں۔ ابوذر صاحب بیک وقت مرتب، مصنف اور شاعر بھی ہیں۔ گزشتہ سال انکی نثری کتاب "جہان فکر وخیال" پر اترپردیش اردو اکیڈمی نے انہیں انعام واعزاز سے نوازا ہے۔

نظم کے ذریعہ ہو یا نثر کے، کوئی بھی شخص اپنے جذبات کا اظہار جب اپنے ممدوح یا موصوف کے لیے کرتا ہے ۔تو اس میں عموماً مبالغہ آرائی، تصنع اور بناوٹ سے کام لیتا ہے۔ دیگر اصناف سخن میں تو یہ چیز مقبول اور معروف ہے -بسا اوقات اسے مستحسن بھی سمجھا جاتا ہے ۔ لیکن نعت گوئی ایک ایسا فن ہے۔ کہ جہاں پر محبت و عقیدت کا اظہار حدود کے دائرہ میں کرنا ہوتا ہے۔ ان حدود سے آگے بڑھنا بسا اوقات ایمان میں اضافہ کے بجائے ایمانی عقیدہ سے انحراف کا سبب بن جاتا ہے۔ اسلئے کہ خود آقا صلی اللہ علیہ وسلم نے فرمایا تھا:-

میری تعریف میں اس طرح حد سے مبالغہ مت کرو جس طرح عیسائیوں نے اپنے نبی عیسیٰ علیہ السلام کی تعریف میں مبالغہ کیا اور انہیں عبد کے درجے سے اٹھا کر الہ کے درجے تک پہنچا دیا۔ میں تو صرف اللہ کا ایک بندہ ہوں لہذا تم مجھے اللہ کا بندہ اور اس کا رسول کہو۔

محتاط قسم کے شعراء نے ہمیشہ اس چیز کا خیال رکھا ہے۔ خواہ وہ عربی شاعری ہو، خواہ فارسی شاعری ہو یا بعد کے دور میں اردو شاعری ہو۔ تابش مہدی صاحب کا ایک بڑا

عمدہ شعر ہے:

ء ہے ارض نعت سنبھل کر چلو یہاں تابش

وفور شوق میں کوئی نہ بھول ہو جائے

حالنکہ کسی شاعر نے یہ بھی کہا تھا کہ۔۔۔

ء روکو نہ مجھے لوگوں دیوانہ ہوں دیوانہ

قابو میں نہیں رہتے جذبات مدینے میں

لیکن سچائی یہی ہے کہ جذبات کو اور اسلوب بیان کو بہر حال دائرہ کا پابند کرنا پڑتا ہے۔ اور یہ اچھائی بھی ہے۔

صنف نعت میں نبی کریم صلی اللہ تعالیٰ علیہ وسلم کی سیرت اور آپکا جو آفاقی پیغام ہے وہ بیان کیا جاتا ہے۔ سیرت رسول اور پیغام رسول کو بیان کرنے والے باوجود اس کے محبت وعقیدت کے ساتھ بیان کرتے ہیں، محبت کا اظہار کرتے ہیں۔ لیکن حدود کا بہر حال خیال رکھتے ہیں۔

تاریخ نعت گوئی سے اس امر کے متعدد شواہد پیش کیے جاسکتے ہیں، اس موضوع پر مختلف اہل قلم نے اپنے اپنے انداز میں اظہار بھی کیا ہے اس کا احاطہ دشوار ہے۔

ہمیں ان نمونوں کو سامنے رکھنا ہے۔ اور خاص طور پر اس سلسلے میں ناقدین نے بہت سے لوگوں کے کلام کا جائزہ لیا ہے اور اپنے نقد کے ذریعے سے اس امر کو واضح کیا ہے کہ اس وادیئے پر خار سے بہت سے نعت گو شعراء گزرے ہیں۔ جو نہایت احتیاط کے ساتھ گزر گئے ہیں۔ عقیدت کا اظہار بھی ہو گیا اور احتیاط کا دامن بھی ہاتھ سے انہوں نے جانے نہیں دیا ہے۔ ہماری اس مجلس کی ایک باوقار شخصیت جناب ابوذر صاحب کا مفصل مضمون چشم کشا اور لائق مطالعہ ہے۔

ابوذر صاحب اپنے مقدمے میں اپنے حال دل کو بیان کرتے ہوئے کہتے ہیں کہ انھوں نے اس مجموعہ نعت کو اب سے کوئی بیس سال قبل لانے کی کوشش کی تھی جو ناتمام رہی۔ انہوں نے درست فرمایا شاید اس کی اشاعت کا وقت اس وقت نہیں آیا تھا۔

خیر۔۔۔۔۔دیر آید درست آید۔

ابوذر صاحب نے اپنے اس نعتیہ مجموعے میں بہت سے مشاہیر کا ذکر کیا ہے۔ جنہوں نے اس نعتیہ مجموعے پر اپنے بیش قیمتی آراء خیالات پیش کئے ہیں۔ ان اہم علمی وادبی شخصیات میں پروفیسر عبدالحق صاحب

سید اقبال جونپوری، طفیل انصاری صاحب اور حافظ کرناٹکی صاحب کے نام قابل ذکر ہیں۔

موصوف نے اپنے مرشد اور جونپور کے امام و خطیب مولانا شاہ صوفی ظفر احمد صدیقی جونپوری کا اس دار فانی سے رخصت ہونے کا ذکر بھی فرمایا ہے۔ جن کا وصال یقیناً تمام اہل جونپور کے لئے ایک روحانی خسارہ ہے اور جن کا ذکر آتے ہی ایک نورانی چہرہ نگاہوں کے سامنے پھر جاتا ہے۔ مرحوم کے لئے میں بس یہی کہونگی۔۔۔۔۔۔

ہزاروں سال نرگس اپنی بے نوری پہ روتی ہے
بڑی مشکل سے ہوتا ہے چمن میں دیدا ور پیدا

ابوذر صاحب نے اپنے مقدمے میں امام جونپور کی سیرت وصورت کا ذکر اس خوبصورت انداز میں کیا ہے کہ گویا وہ ہمارے درمیان اپنی بافیض شخصیت کے ساتھ موجود ہیں۔ امام جونپور کا دنیائے فانی سے کوچ کر جانا اہل جونپور کے لئے بہت بڑا خسارہ ہے۔ جو کبھی پر نہیں کیا جا سکتا۔

ابوذر صاحب نے نعت لکھنا، پڑھنا اور سننا جیسے عمل کو اپنے قلب و نظر کی دنیا

سنوارنے کا کام اور اللہ اور اس کے رسول صلی اللہ علیہ وسلم کی خوشنودی حاصل کرنے کا وسیلہ سمجھ کر لکھتے رہے۔ اور اس سلسلے میں انکے تصورات کی کافی کچھ وضاحتیں انہوں نے "جہان فکر و خیال" میں شامل اپنے دو مضامین میں بیان کر دیا ہے اور اس نعتیہ مجموعے "منزل منزل سایہ" میں بھی ابو ذر صاحب کے نعتوں پر دو مضامین شامل ہیں۔ موصوف نے اپنے تمام احباب کے ذکر میں ڈاکٹر سعید مسیحا اور حافظ قمر عباسی صاحب جنہوں نے اس کتاب کی کمپوزنگ کی ان کا شکریہ ادا کرنا نہیں بھولے ہیں۔

کوئی ادیب و شاعر اگر کچھ لکھتا ہے تو اس کے پیچھے بہتوں کا ہاتھ ہوتا ہے۔ پر ان تمام ہاتھوں میں ایک اہم ہاتھ، ایک حوصلہ بڑھانے کا کام شریک حیات اور اہل خانہ کا بھی ہوتا ہے۔ ابو ذر صاحب نے اپنے مقدمے میں اپنی اہلیہ اور اپنے بچوں کا ذکر کر کے اپنی خوش باش زندگی کا ثبوت پیش کیا ہے۔

مقدمے کے آخر میں" ایک بات اور " لکھ کر آپ نے اردو زبان کے لئے جو فکر ظاہر کی ہے وہ بہت ہی قابل تعریف ہے۔ اگر یہ فکر عام و خاص تمام لوگوں کو ہو جائے تو اردو زبان عروج و اقبال کے بام پر جگمگاتی رہیگی۔

اس بات کو آپ کتاب کے مسک الختام سے بھی تعبیر کر سکتے ہیں کہ موصوف نے آخری اقتباس میں اس خاص شخصیت کا ذکر کیا ہے۔ جو کہ جونپور کی ادبی شخصیتوں میں سے ایک ہے۔ جس نے جونپور میں آج کے دور میں اردو زبان کو فروغ دینے کا عزم کیا ہے۔ وہ ادیب و دانشور کوئی اور نہیں بلکہ محترم عرفان جونپوری صاحب ہیں۔ جن کے بارے میں ابو ذر صاحب فرماتے ہیں:

جی ہاں! اس مجموعے نعت کے لیے بھی اگر وہ میرے پیچھے نہ پڑ گئے ہوتے تو شاید ہی اسے آپ تک رسائی کی سعادت ملتی۔ میری مراد عرفان جونپوری سے ہے۔ ایسا بھی نہیں

کہ ان کا تعاون مشروط محدود ہے۔ بلکہ میرے علم کی حد تک تو انہوں نے حصار من و تو سے خود کو آزاد رکھا ہے۔ آج جونپور کے علمی و ادبی افق پر نئی کتابوں کی جو ایک کہکشاں سی جگمگا رہی ہے۔ اگر تلاش کیجئے تو معلوم ہو گا کہ ان میں سے بیشتر کے پیچھے کسی نہ کسی شکل میں انکی ہی اردو دوستی کار فرما ہے۔"

کتب خانے جو در حقیقت کسی بھی تعلیم یافتہ اور مہذب قوم کے لیے پاور ہاؤس کی حیثیت رکھتے ہیں۔ اپنوں ہی کی بے توجہی کی وجہ سے آج بتدریج زوال کی طرف گامزن ہیں۔ اور اپنی ہی ویرانی کا مرثیہ پڑھ رہے ہیں۔

ایسے نامساعد حالات میں بھی خاص طور سے اردو زبان و ادب کی خدمت کے لیے اس شیر از ہند میں اگر کوئی کتب خانہ ہے تو وہ جناب عرفان جونپوری صاحب کا ہی ہے۔ اردو کا کتب خانہ اردو کے تئیں ان کی جد و جہد اور فکر مندی کا ایسا چشمۂ فیض ہے۔ جس سے نسلیں اپنی علمی و ادبی تشنگی دور کرتی رہیں گی۔

اب محترم ابو ذر انصاری صاحب کی ایک نعت رحمت عالم کا در" کے چند اشعار ملاحظہ ہیں۔

پیہم درود جاری ہماری زبان سے ہے،
دل کو نجات ہر غم و آہ و فغاں سے ہے،
ہر سمت نور نور ہے خوشبو کہاں سے ہے،
شاید قریب گنبد خضریٰ یہاں سے ہے،
تعظیم شاہ دیں کی نہ توفیق ہو جسے،
وہ آدمی بتایئے مومن کہاں سے ہے،
نعت گوئی ہر کس و ناکس کے بس کا روگ نہیں یہ شرف اور سعادت مندی اسی کو

حاصل ہوتا ہے۔ جس پر فضل خداوندی ہو اور فیض رسالت مآب بھی۔ درج بالا اشعار کو پڑھنے سے محسوس ہوتا ہے کہ ابوذر صاحب کے کلام میں تصوف کی جھلک کس قدر ہے۔

جیسے زبان سے درود جاری، آپ صلی اللہ علیہ وسلم کے ذکر سے دل کے تمام غم کو نجات ہے۔ تصوف کا اس قدر غلبہ ہے کہ شاعر خود کو گنبد خضریٰ کے قریب محسوس کر رہا ہے۔ شاعر کے عشق رسول کی یہ والہانہ محبت تو دیکھئے کہ وہ کہہ رہا ہے کہ جسے شاہ دیں کی تعظیم کی توفیق نصیب نہیں تو وہ آدمی بتایئے مومن کہاں سے ہے۔ حقیقت تو یہی ہے کہ جس انسان نے نبی اکرم صلی اللہ تعالیٰ علیہ وسلم کا دامن تھام لیا وہ مومن بن گیا۔ اور جس نے نہ تھاما اس نے دنیا اور آخرت دونوں جہاں میں اپنا خسارہ کیا۔

آئیں ایک اور شعر کا جائزہ لیتے ہیں۔

تنویر صبح خنکی شام سیاہ پوش

چہرے سے کس کے عنبر فشاں سے ہے"

روئے انور کی تابانی کو شاعر دربار رسالت حضرت حسان بن ثابت سے لے کر کے موجودہ دور کے شعراء تک نے اپنے اپنے انداز میں بیان کرنے کی کوشش کی ہے ۔ حضرت حسان ابن ثابت رضی اللہ تعالیٰ عنہ نے کہا تھا کہ

یا صاحب الجمال و یا سید البشر "۔

اماں عائشہ رضی اللہ تعالیٰ عنہ روئے انور کے تعلق سے یوں فرمایا تھا کہ چودھویں کا چاند روشن تھا اور آقا تشریف فرما تھے۔ ایک بار میں چاند کو دیکھتی اور ایک بار آقا کے چہرے انور پر نظر ڈالتی خدا کی قسم آقا کا چہرہ انور چاند سے بھی زیادہ خوبصورت تھا۔

تمام ہی نعت گو شعراء نے اس مضمون کو اپنے اپنے انداز میں بیان کرنے کی کوشش کی ہے۔

یہ شعر بھی کتنا خوبصورت اور محبت کے جذبات سے لبریز ہے۔

انہیں کے روئے منور سے صبح تابندہ

انہیں کے گیسوئے عنبر سے شام روشن ہے

آیئے ایک اور شعر پر غور کرتے ہیں۔

سراپا خلق مجسم خلوص پیکر حلم

جدھر بھی دیکھئے انکا ہی نام روشن ہے،

نبی کریم صلی اللہ تعالیٰ علیہ وسلم کے اخلاق حسنہ کی گواہی اپنوں نے بھی دی ہے اور غیروں نے بھی۔ اس مضمون کو شعراء نے اپنے اپنے انداز میں بیان کیا ہے۔ لیکن ابوذر صاحب کا انداز ہی کچھ نرالا ہے۔ انکے اشعار کی چاشنی سے معلوم ہوتا ہے کہ انہوں نے نبی کی محبت میں ڈوب کر اپنی قلم کو تر کیا ہو۔

جذب وشوق کے عالم میں کہا گیا یہ شعر بھی اپنی جگہ پر بڑا ہی خوبصورت ہے۔

ءمیرا طواف فرشتے کریں نہ کیوں بوذر

کہ دل میں شمع درود و سلام روشن ہے،

یقیناً جو بندہ نبی کریم صلی اللہ تعالیٰ علیہ وسلم پر درود بھیجتا ہے ۔ اللہ تعالیٰ اس پر رحمتیں نازل فرماتا ہے۔ آقا نے خود ہی فرمایا" جو مجھ پر ایک بار درود بھیجتا ہے۔اس پر اللہ تعالی دس بار رحمتیں نازل فرماتا ہے۔ تو اللہ کی نگاہوں کا ایسا شخص مستحق ہوجاتا ہے ۔اور جو اللہ کی نگاہوں کا مستحق ہو یقیناً فرشتے اس پر رشک کرتے ہونگے۔ کچھ انہیں معانی ومفاہیم کو سامنے رکھ کر ابوذر صاحب نے بہت ہی عمدہ کلام کہا ہے۔

ابوذر صاحب کا محبت کے آنسوں سے پرویا ہوا یہ شعر بھی کیا خوب ہے ملاحظہ فرمائیں۔

اخلاص کی تہوں سے ابھرے جو اشک بوذر

ہر قطرہ کیوں نہ لعل و مرجان بن کے چمکے "

محبت کے آنسو بڑے ہی قیمتی ہوتے ہیں اور پھر اللہ کے پیارے محبوب کی محبت میں آنسو گر جائیں تو یقیناً وہ انمول ہو جاتے ہیں۔ پوری دنیا کی متاع ایک طرف اور محبت میں گرنے والے آنسو ایک طرف۔ ابوذر صاحب نے بہت ہی خوبصورت انداز میں جذبات کی عکاسی کی ہے۔ واقعی بہت عمدہ کلام ہے۔

ابوذر صاحب کی ایک نعت جس کا عنوان ہے "ادب سے بیٹھئیے" اس کا ہر ہر شعر عقیدت و محبت کا شہ پارہ ہے، پڑھئیے اور سر دھنئیے۔

بہاریں خلد سے آکر لبوں کو چوم جاتی ہیں

زبان شوق سے جب مصطفی کا ذکر ہوتا ہے،

زمیں تا عرش ہے اک بارش انوار کا عالم

یہاں شاید حبیب کبریا کا ذکر ہوتا ہے،

پڑھا والفجر تو سمجھا، سنا واللیل تو جانا

رخ انور کہیں زلف دوتا کا ذکر ہوتا ہے،

بہاروں کا لبوں کو چومنا، زبان شوق سے ذکر مصطفی، کیا خوبصورتی سے محاوروں کے استعمال کیا گیا ہے۔

یہ تو سب کو معلوم ہے کہ بارش اوپر بادلوں سے ہوتی ہے، لیکن جہاں محبوب کبریاء کا ذکر ہو تو انوار کی چادر سایہ فگن ہوتی ہے، شاعر نے کس خوبصورتی کے ساتھ تشبیہ مقلوب کو برتا ہے، یہ محظوظ ہونے کا مقام ہے۔

کلام کی ساری خوبیوں کے ساتھ کہیں کہیں پر ایسا محسوس ہوتا ہے کہ کچھ غیر موزو

نیت بھی در پیش آئی ہے۔ شاید نظر ثانی کا موقع نہ مل سکا ہو یا تصحیح کے وقت نگاہ چوک گئی ہو اور اسی بات کا زیادہ امکان ہے۔

کیا عظمتیں بیان ہو بھلا اس جناب کی "اس جناب کی ترکیب بھی ذرا سا کھٹکنے والی بات ہے۔ اسی طرح "خراب کی" کا عنوان بھی ایک کھٹکنے والی چیز ہے۔ اسی طرح نعتیہ کلام کے عنوان میں نعتوں کا پورا ایک مصرع ہوتا تو اچھا لگتا۔ اس پر بھی نظر ثانی کی ضرورت ہے۔

المختصر یہی کہنا چاہتی ہوں کہ ابوذر صاحب نے اپنے نعتیہ مجموعہ "منزل منزل سایہ" کے ذریعہ یہ ثابت کر دیا کہ نعت گوئی دراصل ایک سعادت بھی ہے اور عبادت بھی۔ انکے نعتیہ کلام عشق رسول کی خوشبو، عقیدت کی چاشنی، جذبات نگاری، در رسول پر حاضری کی تڑپ، فراق و ہجر کی کیفیت، مدینے کے دیدار کی آرزو، شفاعت کی طلب وغیرہ سے معمور ہے۔ انہوں نے اپنے پاکیزہ جذبات کو شعری پیرائے میں بیان کرنے کی عمدہ کوشش کی ہے۔ ابوذر صاحب کی شاعری میں شعریت، خیالات کی ندرت، جذبے کی پاکیزگی اور اثر آفرینی بھرپور موجود ہے۔ جو انکے کلام کو بیش بہا بنا دیتی ہیں۔

٭ ٭ ٭

ایک کتاب ایک تذکرہ جو نامکمل ہے

مہتاب قدر

'اردو شعرا و ادبا کا تعارف اور تخلیقات' اپنی نوع کی پہلی کتاب کا نام :"مشرق وسطی میں اردو" مرتبین، سید قمر حیدر قمر، شمس الحق نوشاد، ڈاکٹر راشد فضلی، بشیر مرزا
پہلی اشاعت ۱۹۹۳ زیر اہتمام: ادارہ اردو ادب کراچی

"مشرق وسطی میں اردو" کتاب کا نام ہے مگر ان کے "مشرق وسطی" کا جغرافیہ کتنا محدود ہے اس کا اندازہ کتاب کا مطالعہ کرنے اور تفصیلات سے آگاہی کے بعد ہوا۔ چار مرتبین میں ایک مرتب سے میں بخوبی واقف ہوں بلکہ وہ بھی مجھ سے بخوبی واقف ہیں اور دوسرے مرتب سے میری ایک ملاقات عرصہ قبل ہو چکی ہے، جبکہ باقی سے میر اتعارف نہیں ہے۔ دوسری سطر کے عنوان میں 'اردو شعرا اور ادبا کا تعارف اور تخلیقات' درج ہے، جس سے ظاہر ہوتا ہے کہ دیگر شعرا جو اس وقت مشرق وسطی میں موجود تھے وہ اردو کے شعرا و ادبا نہیں تھے۔ 'اپنی نوع کی پہلی کتاب' یہ جملہ بالکل درست ہے کہ یہ کتاب اپنی نوعیت کی پہلی کتاب ہے یعنی جب بھی کسی علاقے کے حالات اور شخصیات کا تذکرہ کیا جاتا ہے تو اس کا حدود اربعہ بھی طے کیا جاتا ہے زمان و مکان کا ذکر بھی کر دیا جاتا ہے، اس کتاب کا مکان تو پورا مشرق وسطی پر محیط ہے اور زمان کم از کم ۱۹۹۳ تک کا احاطہ کر رہا ہے۔ مگر زمان و مکان کا جس طرح سفر کیا گیا ہے اس میں عجیب و غریب نوعیت کا

عنصر اس کتاب کو اپنی نوعیت کی پہلی کتاب بنا دیتا ہے۔

سید قمر حیدر نے اپنا ایک شعر ابتدائی صفحہ پر پیش کیا ہے،

تجربہ، لہجہ، ادا، تیور، رویہ، زاویہ
کونسا وہ رنگ ہے جو اس مرقع میں نہیں

جن چھ صفات کا ذکر شعر میں کیا گیا ہے ممکن ہے کہ ساری خوبیاں کتاب میں شامل قلمکاروں کی نگارشات میں ہوں مگر یہ کہنا کہ اس مرقع میں کوئی رنگ چھوٹا نہیں ہے مبالغہ لگتا ہے، اس کی وجہ یہ ہے کہ جب قلمکاروں کی فہرست سے ہی انصاف نہیں کیا گیا تو پورے رنگ اس مرقع سے کیسے آشکار ہو سکتے ہیں۔ اس کے بعد ایک صفحہ پر مرتبین کی رنگین تصویر ہے جس میں سید قمر حیدر اور راشد فضلی کا چہرہ مانوس ہے دیگر دو محترم مرتبین سے میں نا آشنا ہوں۔ انتساب "صحراوں میں فکر و فن کا اعتبار قائم رکھنے والوں کے نام" بھی کتاب کی منفرد نوعیت اور مختصر اعداد و شمار درج ہونے کے سبب فنکاروں کے بیچ ہنسی کا سبب بن رہا ہے۔

سعودی عرب کے قلمکاروں میں جو فہرست پیش کی گئی ہے ان میں اعتماد صدیقی سے واصل عثمانی تک حروف تہجی کے لحاظ سے نام درج ہیں۔ جن کی جملہ تعداد ۴۸ تک پہنچی ہے۔ سعودی عرب میں موجود جملہ تعداد کے بجائے مزید تھوڑی زحمت اُٹھا کر جدہ، دمام، جبیل، ریاض کا احاطہ الگ الگ کیا جاتا تو تصویر زیادہ واضح ہو جاتی۔ خیال رہے زمانہ ۱۹۹۳ کا لیا گیا ہے تو اسی زمانے میں جدہ میں استاد الشعرا احمد جمال صادق بھی موجود تھے دیگر شعرا میں احتیاط سے بھی ذکر کیا جائے تو مزید ۳۰ تا ۳۵ شعرا ایسے موجود تھے جنہیں نظر انداز نہیں کیا جانا چاہئے تھا۔ کیا عبد اللہ ناظر کو نظر انداز کیا جانا چاہئے تھا ،کیا مصلح الدین سعدی، طارق غازی، ارشد غازی، عابد اللہ غازی، حیات النبی رضوی، نعیم

بازید پوری ، ناظر قدوائی والد، مجاہد سید اور خاکسار مہتاب قدر کے علاوہ بیکس نواز شارق ،اطہر عباسی، یاد صدیقی کا بھی کوئی ذکر نہیں ہے ، اعتماد صدیقی اور میں ایک زمانے میں سعودی عرب میں آئے اور جس حلقہ ارباب ذوق کے پہلے صدر اعتماد صدیقی تھے اس کے قیام میں خود اعتماد صدیقی مرحوم کا کوئی حصہ نہیں تھا بلکہ پروفیسر نوراحمد شیخ، مہتاب قدر، بیکس نواز شارق اور دیگر ساتھی اس کی بنیاد رکھنے والوں میں تھے ، نوراحمد شیخ جب تک تھے اعتماد صدیقی بھی ایک مہمان کی طرح آتے رہے بعد میں جب شیخ صاحب کناڈا چلے گئے تو اعتماد صدیقی کو ہم ہی لوگوں نے باقاعدہ صدر منتخب کیا کیونکہ شیخ صاحب کام کے قائل تھے منصبوں کے نہیں۔ اعتماد صاحب کے زمانے میں حلقہ ارباب ذوق نے بہت ترقی کی اور جتنے لوگ شیخ صاحب کے زمانے میں منسلک نہ ہوسکے تھے وہ بھی حلقہ کے بینر تلے جمع ہوگئے۔ حنیف ترین عرعر میں ہوا کرتے تھے بعد میں شائد ریاض میں رہے اور آجکل دہلی واپس ہوگئے ہیں، خواجہ رحمت اللہ جری، ان کا کوئی تذکرہ کبھی پہلے نہیں سنا تھا البتہ گزشتہ ماہ ۲۰۱۸ کے اواخر میں کسی نے مجھ سے کہا کہ ایک شاعر کراچی سے آئے ہیں اور وہ دکن سے ہجرت کرکے پاکستان گئے تھے تو ہم یعنی اردو گلبن والے ان کے اعزاز میں کوئی محفل منعقد کریں، سو ہم نے یہ بزم بھی سجائی، ان سے بات ہوئی تو موصوف نے بتایا کہ حنیف ترین ان کے شاگرد ہیں، جبکہ ان کی شاعری کا مزاج اور معیار دیکھ کر لگتا نہیں ہے کہ حنیف ترین ان کے تلامذہ میں رہے ہوں۔

رؤف خلش حلقہ ارباب ذوق کے دوسرے باقاعدہ صدر ہوے جبکہ وہ اعتماد صدیقی کے قریبی دوست اور جدہ میں انہی کے توسط سے حلقہ میں شمولیت اختیار کی تھی، رؤف خلش کا اپنا ایک ادبی مقام تھا وہ حیدراباد سے ہی معروف شعرا میں بلکہ نئ نسل کے معروف شعرا میں شمار کیے جاتے تھے۔ اسی زمانے میں عبد اللہ ناظر حلقہ کے سرپرست

تھے انہیں بھی قابل اعتنا نہیں سمجھا گیا۔ جبکہ مصلح الدین سعدی جنکی علمی محافل اور اقبال شناسی کے بے حد چرچے تھے، لطف کی بات یہ ہے کہ اس موقر کتاب میں استاد احمد جمال صادق کے تلامذہ جیسے نعیم حامد علی وغیرہ کا نام تو آ گیا مگر موصوف محروم تذکرہ رہے۔

کتاب میں مذکورہ اشخاص میں سجاد بابر، سید ظفر مہدی، سہیل حیدر جدی، شجاعت علی راہی، عبد الباری انجم، نسیم سحر، نعیم حامد علی، واصل عثانی یہ وہ جدہ کے معروف شعرا تھے جنہیں حلقہ ارباب ذوق کے سایہ میں مشاعرے پڑھنے کا شرف حاصل رہا۔ ان کے علاوہ بھی جن کا کوئی تذکرہ نہ ہو سکا ان میں عرفان بارہ بنکی، مسرور عابدی، انجم کاظمی ،طارق ہاشمی، محسن علوی، قیوم واثق، حبیب صدیقی، منور ہاشمی، انجم رضوی، رشید الدین رشید، رفیع الدین ناصر، راشد صدیقی، مشہور ناظم مشاعرہ اور مزاحیہ شاعر ناظر قدوائی والد، سلیم مقصود، ناظم الدین مقبول کو بھی نہیں بھلایا جاسکتا۔ زیر نظر کتاب مشرق وسطی میں اردو کا وہ حصہ جو جدہ سعودی عرب کے قلمکاروں پر محیط ہے اسی کا میں نے جائزہ لیا ہے، ورنہ پورے سعودی عرب میں مقیم فنکاروں کے سلسلے میں بھی بہت کچھ کمی اور نقائص موجود ہیں، پورے مشرق وسطی کا جائزہ لینا تو میرے دائرے اختیار و علم میں نہیں ہے۔

حالیہ دنوں جدہ سے وطن لوٹنے والے محمد مختار علی نے فیس بک پر تعارفی سلسلہ پیش کرتے ہوئے جناب سید قمر حیدر کا جو ذکر کیا اسے حسب ذیل اقتباس میں ملاحظہ فرمائیں، "اُن کی پہلی کتاب تحقیق پر مبنی ہے جو ۱۹۹۳ء میں "مشرقِ وسطیٰ میں اُردو" کے نام سے شائع ہوئی جس میں خلیج میں مقیم ۱۱۰ شعراء و اَدباء کا تعارف مع تصاویر اور منتخب تخلیقات شامل ہیں" اب میں یہ کیسے کہہ سکتا ہوں کہ پورے شرق الاوسط میں جناب سید قمر حیدر کو صرف ۱۱۰ شعرا ہی ملے اور ان کے دائرہ تحقیق میں وہ شخصیات بھی نہیں

آ سکیں جن کا قد تمام مرتبین میں سے کسی سے بھی کم نہیں تھا۔ جن کا ذکر اہم سمجھا جاتا۔ الغرض، ناموں کے انتخاب نے بھی بعض مولفین کی حیثیت پر سوالیہ نشان لگائے ہیں۔ دراصل کتاب کے ٹائٹل "مشرق وسطی میں اردو" نے کینوس کو اتنا وسیع کر دیا ہے کہ اس موضوع پر ۴۰۷ صفحات پر مشتمل یہ اشاعت 'کھودا پہاڑ نکلا چوہا' ثابت ہو رہی ہے، جبکہ تحقیق واقعی ہوتی اور آنے والی نسلوں تک وقت کی صحیح تصویر پیش کرنے کی کوشش کی جاسکتی تو اس ضخامت میں تو جدہ کا مہجری ادب بھی مشکل سے سما سکتا۔ ریاض دمام جبیل مدینہ منورہ طائف وغیرہ کے شعرا کا تو ذکر ہی کیا جن میں بہت اہم نام بھی چھوٹ گئے جن کے بغیر سعودی عرب کے اردو منظرنامے کی تاریخ کبھی مرتب نہیں ہو سکے گی۔

***